# FÚTBOL ACTIVADO

## EN LA BÚSQUEDA DE POTENCIAR EL ENTRENAMIENTO DEL FUTBOLISTA

### CHARLI JUÁREZ

Fútbol activado / Carlos Juárez- 1a edición
LIBROFUTBOL.com, 2022.

120 páginas; 15,2 x 22,9 cm.

ISBN 978-987-8943-21-3

1. Fútbol.
CDD 796.334

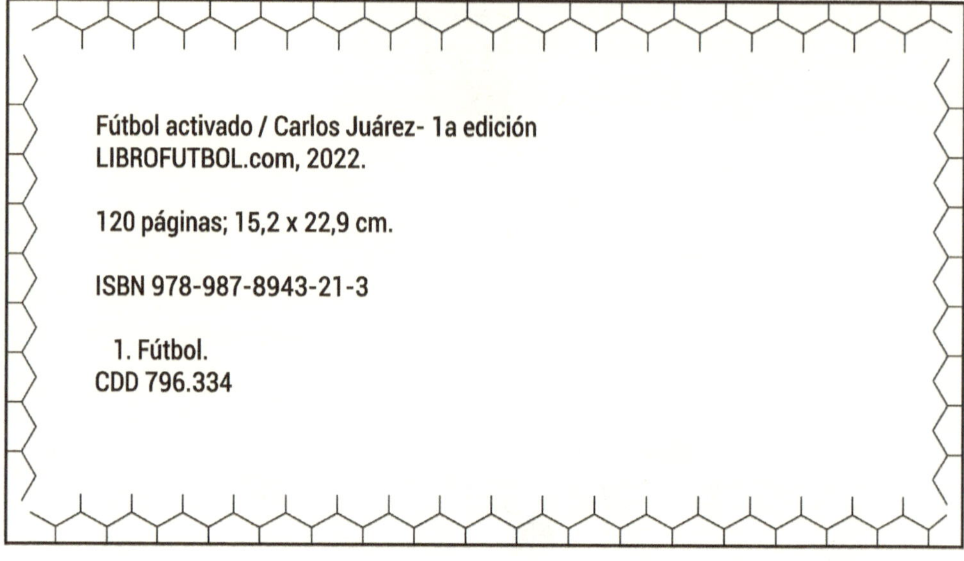

## FÚTBOL ACTIVADO
de Carlos Juárez

| | |
|---|---|
| Cubierta:<br>Luciano Medvetkin | Foto del autor: © Carlos Juárez |
| © 2022– Charli Juárez<br>© 2022– LIBROFUTBOL.com | Todos los derechos reservados |



ISBN 978-987-8943-21-3            1ª edición: septiembre 2022

ediciones@librofutbol.com

+54 9 11 2215 1982

librofutbol

Av. Libertador 6898 - Núñez - Ciudad de Buenos Aires - Argentina

*Dedicado a mis hijos: Nare, Agus y Martín; y a mi compañera de ruta: Sil.*
*A vos, "Tino" Ledesma, por haberme inspirado a seguir esta maravillosa pasión...*
*¡Y a todos los que de una u otra manera me ayudaron a crecer!*
**¡Gracias!**

# ÍNDICE

# PRÓLOGO 1

Me siento muy honrado al ser requerido por el autor de este libro a que prologue el mismo. Ha sido mi alumno, pero hoy es mi colega y un profesional cabal, al que he estado muy ligado a lo largo de su formación y luego en su vida profesional.

He tenido la oportunidad de contribuir a su formación, sabiendo que no es el emisor, sino las inquietudes del receptor las que hacen que se produzca el milagro del despertar del conocimiento, un proceso de intensos y productivos intercambios.

En tantos años de contacto lo destaco como un espíritu inquieto, curioso por el saber, constante en sus opiniones, con el suficiente toque obsesivo como para ser absolutamente riguroso en el estudio y la tarea profesional.

Siempre ha considerado como el eje rector de sus inquietudes el rigor en sus investigaciones, la calidad en sus estudios y lo ajustado de sus consideraciones respecto de los instrumentos utilizados.

Nos presenta de una manera didáctica y accesible el producto de sus cursos como una contribución al desarrollo de futuros profesionales, siempre citando su bibliografía de referencia como basamento de sus conclusiones.

Un profesional siempre atento a las necesidades que son propias del entrenamiento y la preparación física en las distintas disciplinas que el fútbol abarca, tanto como las exigencias en los distintos grupos etarios.

Docente en diversos niveles y profesor, primero ayudante y luego a cargo en los niveles de formación profesional, tanto en el Profesorado de Educación Física como en los cursos de especialización de la Asociación de Profesores de Educación Física del Fútbol Argentino (APEFFA). También preparador físico de equipos de competencia y conferencista en eventos específicos en la República Argentina, y en la Confederación Sudamericana de Fútbol (Conmebol). Todo ello nos muestra a un profesional capacitado y formado a un alto nivel.

Todo lo precedente no hace más que destacar a alguien que, con entrega, sacrificio y dedicación, ha logrado resultados y ocupado lugares que le son propios.

Me honra, querido Charli, tu reconocimiento, al darme la oportunidad de presentar tu producción, la cual no dudo será un aporte para otros y, algofundamental, valioso en el acceso al conocimiento científicamente comprobado.

Alfredo Weber

# PRÓLOGO 2

Conocí a Charli en el año 2000, siendo mi preparador físico en la Selección de fútbol playa mientras yo era jugador. A partir del 2001 compartimos cuerpo técnico y cursos Conmebol por diferentes países.

Lo sé una persona generosa, inteligente, estudiosa y muy profesional, que se caracteriza por ser muy didáctico y claro a la hora de transmitir los conceptos que pretende que sus equipos, jugadores o alumnos incorporen y ejecuten.

Cuando me comentó la idea de este libro, inmediatamente pensé en lo difícil que sería resumir en una sola obra toda una vida dedicada al fútbol amateur y de alto rendimiento. No es sencillo compactar toda la información disponible, ejercicios, situaciones, anécdotas que ilustran y enriquecen las ideas que quiere comunicarnos.

Creo que es un acto de humildad que haya decidido compartirlo todo a través de estas páginas, que seguramente generarán mucho provecho en lectores y estudiosos de la materia.

Siento por Charli un gran afecto y admiración, y creo que este proyecto marcará un antes y un después en la forma en que se gestionan los entrenamientos de alto rendimiento.

Francisco "Pancho" Petrasso

# PRÓLOGO 3

Año 2021. Estoy viviendo un momento soñado. Estoy en la final del Torneo Apertura de Fútbol Femenino con la medalla colgada. Pasamos un partido difícil, vencimos a un durísimo rival como Boca Juniors, que llevaba más de 40 partidos sin perder, y clasificamos a la Copa CONMEBOL Libertadores 2021.

En este día tuvimos que poner en la cancha todo lo que teníamos: nuestra cabeza, todo lo aprendido en el camino y, por supuesto, el corazón. Muchas cosas se me pasan por la cabeza en este momento. Sobre todo, el recorrido vivido. ¿Cómo llegué a vivir este sueño? La respuesta es contundente. Por él. "Él" es mi gran maestro (y el de tantos...), al que tengo el honor de llamar amigo: Charli Juárez. Durante estos últimos seis años me acompañó en mi carrera como profesional, como compañero y como consejero, sin guardarse nada. Como nosotros en la final de hoy. No podía ser de otra manera, dado que fue mi gran ejemplo.

Mientras tanto, sigo en la cancha. Estoy de pie en la mitad del campo de juego viendo como todos festejan y agarrando la medalla con mi mano. Sigo pensando... Recuerdo el momento en que conocí a Charli. Fue en un curso sobre preparación física en el fútbol. Desde entonces me enamoré irremediablemente de una forma de trabajo. Varios años después, por un regalo del destino, terminé siendo su ayudante en un club de la B Metropolitana. En esa experiencia estoy convencido de que terminé de hacer una verdadera maestría en la preparación física.

Sus consejos constantes no solo me permitieron comprender una metodología laboral, sino que fueron la llave de los logros que fui consiguiendo en mi carrera: bicampeón nacional en fútbol playa femenino, subcampeón en Copa Argentina de Futsal Femenino, campeón sudamericano con la Selección Argentina de Futsal para personas sordas, subcampeón de la Supercopa de Futsal Femenino, campeón de hockey sobre patines femenino, subcampeón del Torneo de Transición de Futsal Femenino, campeón de futsal masculino LAFA, campeón de la Supercopa de Futsal Femenino y campeón del Torneo Apertura de Fútbol 11 Femenino.

Las palabras de agradecimiento hacia mi maestro no alcanzarían en este prólogo. Sin embargo, creo que en este libro seguramente los lectores encontrarán un método que enamora, que gana, que trae conquistas y que permite una continuidad de logros en el tiempo. Simplemente, ¡gracias, Charli!

Víctor Barthes

# ¿CÓMO SENTIMOS EL FÚTBOL?

"Soy, no sé, *fútbol-hólico*, fútbol maníaco, adicto al fútbol, no sé cómo se dice…Miro fútbol desde que tengo cinco años y no paré nunca más. Amo ese deporte. Mucha gente me pregunta cómo puede ser que mire fútbol las 24 horas del día, 11 tipos corriendo detrás de una pelota, pero el fútbol no es solo eso. Tampoco es solo una pasión. El fútbol es amor. Está en todos lados. Está en la calle, en las camisetas, en los cortes de pelo, en las zapatillas, en las charlas que tenemos con la gente… ¡el fútbol une! Somos todos iguales, de la misma clase social. Llega un clásico y, ¿Qué otra cosa más maravillosa que un clásico? Tu equipo hace un gol, se lo gritás al vecino, hay gente que no va el lunes a su trabajo para que no la carguen. ¡Eso es el fútbol! En la cancha me he abrazado con gente que no conozco… y ni a mi viejo le di esos abrazos. Eso tiene el fútbol. A mí me gusta el fútbol: yo miro fútbol, respiro fútbol, miro todo, no solamente el equipo del que soy yo, el fútbol inglés, el italiano, el español, el ascenso, el descenso, la A, la B, y la C. En la plaza, si hay dos equipos jugando al fútbol yo los miro, y hasta voto por uno, ¡eso es el fútbol! Me arma la semana, el fútbol es mi refugio".

Adrián Suar en la película *El fútbol o yo*, de Marcos Carnevale, 2017.

"Estar preparado ya es media victoria"…

# ¿POR QUÉ ESTE LIBRO?

Cuando se ejerce esta actividad que tiene que ver con el entrenamiento y la docencia, es inevitable que en algún momento se piense en dejar un legado para las generaciones venideras.

Al principio, cuando comenzamos a trabajar de "profes", nos sentimos parte de la generación del futuro, luego, y a medida que transcurre nuestro paso por la actividad, caemos en la cuenta de que una nueva generación pasará a ser quien ocupe esos lugares. Al llegar ese momento, viene a nuestra memoria cómo veíamos nosotros a aquellos que nos formaron, y nos damos cuenta de que a los profes más jóvenes les empieza a suceder lo mismo; solo que ahora somos nosotros los que ocupamos esos sitios y ahí es cuando comenzamos a sentir la responsabilidad y el compromiso de dejar algo.

Cuando comencé con esta hermosa profesión había un largo camino por recorrer, muchas dudas e incertidumbres, pero también muchas ganas de aprender, de probar, de experimentar. Como suele ocurrir entre padres e hijos. Un padre siente que su hijo aprende probando y errando, cayéndose y ayudándolo a ponerse de pie nuevamente. Lo mismo nos sucede con nuestros alumnos: tratamos de ayudarlos a probar y equivocarse menos.

Con ese espíritu surgió la idea de escribir este libro y con la intención de proporcionar metodologías simples y aplicables. Alguna vez me preguntaron qué tan sencillo es enseñar, y yo respondí: "Es como jugar al fútbol: a algunos les resulta muy fácil y a otros se les complica más. Hay quienes piensan que se nace para jugar, otros creen que se aprende, entiendo que hay un poco de verdad en ambas posiciones. He visto a quienes no sabían jugar y aprendieron, pero es cierto que nunca jugaron como los que nacieron con ese don…". Siempre sentí que enseñar es también generar entusiasmo, poder captar la atención y guiar, pero, fundamentalmente, ser creíble; ese es el objetivo más importante.

Suele pasarnos a los profes que cuando empezamos a trabajar nos sobran ganas, pero nos faltan herramientas. Este libro viene a colaborar humildemente con esa necesidad.

Tuve la fortuna de ser formado por profesores de la talla de Alfredo Weber y Julio Santella más otros tantos que dejaron huellas imborrables en mí. De ellos aprendí mucho, pero, además, aprendí a ser perseverante, a trabajar cada día para lograr los sueños, y a no dejar de aprender nunca.

Un alumno siempre copia de sus maestros cosas que admira y luego le va agregando su impronta y su propia manera de sentir, ese debería ser el ciclo natural en el maravilloso mundo de la docencia. Ese estilo propio se va forjando con la combinación de lo que aprendemos más lo que experimentamos, y bastante con nuestra forma de sentir esta profesión. Si tuviese que ordenar mis momentos como profe, diría que al comienzo el foco está puesto en aprender (eso no termina nunca), luego comienza la etapa de probar si lo que dicen los libros sucede en el campo, mucho más tarde aparece una que tiene que ver con nuestra impronta, lo que le agregamos al conocimiento y experiencia, y finalizamos con la etapa de transmitir y compartir todas nuestras vivencias.

El sentir de este libro será, por lo tanto, compartir una metodología, una forma de pensar y una manera de entrenar que pueda ayudar a los que comienzan a recorrer el maravilloso y apasionante camino del entrenamiento.

"El tiempo pone todo en su lugar"...

# CAPÍTULO 1

## ¿QUÉ, CÓMO, CUÁNDO, CUÁNTO DEBE ENTRENAR UN FUTBOLISTA?

**"El fútbol no solo es ciencia y experiencia, sino también sentimiento y pasión".**

Esta frase me parece el resumen perfecto de lo que pienso al transmitir en una clase o en una sesión mi forma de sentir el entrenamiento. Cuando hablamos de qué entrenar, generalmente sabemos de qué trata: velocidad, resistencia, fuerza, técnica, táctica, etcétera. Nada nuevo por acá.

## ¿Qué...
### debe entrenar el futbolista?



Con respecto al cómo entrenar, tenemos muy claro también que hay distintos métodos de entrenamiento, cada uno más adecuado a fin de poder cumplir con el "qué" entrenar: continuos, intervalados, intermitentes, de fuerza explosiva, de fuerza potencia, de fuerza elástica; todas herramientas que suponen un mejoramiento del rendimiento físico de cualquier deportista. Cuando el profe se para ante una situación en la cual conoce qué entrenar y cómo hacerlo, lo que voy a proponer en este libro es poder tener un criterio simple y coherente a la hora de organizar cuándo y cuánto entrenar.

En este punto es donde me surge la reflexión de que el qué y el cómo entrenar son masivamente conocidos. Las dudas surgen cuando necesitamos ubicar esas cargas planificadas. ¿Cuándo? ¿El primer día? ¿El segundo? ¿A la mañana? ¿A la tarde? ¿Al comienzo? ¿Al final? Ahí empieza lo lindo... Y continua al momento de dosificar. ¿Cuánto? ¿Cuatro o seis repeticiones? ¿15 o 30 segundos? ¿10 kilos o el 15 % del peso corporal?

Ahí comienza lo que me gusta definir como el "Arte del Entrenar", es decir, cómo organizar los ingredientes para que la receta salga bien. Un plato puede salir bien o mal, hasta parecido con un poco más o menos de algún ingrediente, pero cada comida tendrá su propio sabor. Lo mismo sucede a la hora de entrenar, son muchas las variables y cada entrenador tiene su propia receta.

Allí es dónde quiero llevarte: al terreno del pensamiento, el del sentido común, a que veas que no hay una sola manera de encontrar un buen resultado final. En definitiva quiero decir que no es lo mismo una semana de entrenamiento en enero que en noviembre, no es lo mismo entrenar cuando se está jugando para salir campeón que para evitar irse al descenso, no es lo mismo entrenar luego de perder un partido que luego de ganarlo, no es lo mismo entrenar a un jugador que viene de viajar 20 horas en un micro, que a uno que jugó de local y pudo descansar bien, no es lo mismo la cabeza de un jugador que cobra su sueldo al día a otro que no cobra hace tres meses, y podríamos seguir dando muchos ejemplos más. Por ello, todas estas situaciones son muy importantes a tener en cuenta a la hora de decidir el cuándo y el cuánto entrenar.

Por lo tanto, y de acuerdo a mi manera de pensar y sentir, el entrenamiento tiene mucho de artesanal, ya que no habrá una sola opción a la hora de planificar nuestro entrenamiento y encontrar la más adecuada será el objetivo. Cualquiera sea nuestra manera de pensar y sentir el entrenamiento, lo que no podrá faltarnos será la credibilidad. Y para ser convincentes debemos arrancar siendo coherentes con nuestra propuesta, creyendo, fundamentalmente, en nosotros mismos y en nuestra metodología, de eso se trata gran parte del éxito, de convencer.

Desde hace unos años se instaló una tendencia que conduce cada vez más al entrenamiento individual dentro de un plantel. Así como los entrenadores tienen ayudantes (entrenadores alternos, analistas de video, psicólogos, nutricionistas, entre otros), los preparadores físicos no podemos trabajar solos, ya que necesitamos abarcar un montón de variables. En un plantel tenemos jugadores de 20 años y de 35 también, tenemos jugadores que arrastran muchas lesiones y otros que poseen un historial deportivo mucho más fructífero, titulares y suplentes, y ahí tenemos que repartirnos. El fútbol se hizo cada vez más multidisciplinario y los cuerpos técnicos son más numerosos. Eso tiene relación directa con esta tendencia: que los entrenamientos sean cada vez lo más individuales posible.

La situación actual tiende a buscar que cada jugador tenga su propio preparador físico. Por lo que se ve, una gran cantidad de futbolistas profesionales que cuentan con ese PF personal, el cual suele trabajar a contraturno respecto de la propuesta del preparador físico del plantel. No lo veo mal, pero entiendo que lo lógico e ideal sería que esa situación evolucionara hacia un diálogo permanente entre ambos preparadores para ponerse de acuerdo con las cargas que deberían realizar. Si el PF personal no sabe qué hizo el profe del equipo con su jugador, es probable que a veces se superpongan exigencias que acabaran conspirando contra el jugador y, de esa manera, perjudicándolo sin quererlo.

El futbolista no sabe lo que tiene que entrenar. Inclusive puede llegar a creer que entrenar más es mejor. Muchas veces alentado por un representante, un familiar, incluso por un amigo que quiere hacerle creer que, mientras más se entrene, más va a rendir. Error. Nosotros sabemos que no es así: el rendimiento es el resultado de un entrenamiento adecuado, un descanso suficiente y una alimentación equilibrada. El entrenamiento del futuro tenderá hacia ese tipo de trabajo. A que exista un trabajo principal del jugador con sus compañeros en el que el preparador físico cuente con una cantidad de datos que lo individualice, acerca de cómo debe entrenarlo, y un complemento con su preparador personal que va a orientar ese entrenamiento a la necesidad que ese jugador no haya podido satisfacer en el trabajo colectivo. Apuntará a la flexibilidad, a lo neurocognitivo, a su fuerza, a su hipertrofia, a distintas áreas; pero deberá haber un acuerdo entre ambos preparadores.

No estoy en contra de los entrenadores personales, pero sí de los jugadores que entrenan por su cuenta y no le cuentan al cuerpo técnico lo que están haciendo, algo que puede ser riesgoso para él y negativo para el equipo. Cuando se logra intercambiar conceptos con un entrenador personal de algún jugador nuestro, suelo sugerir un trabajo complementario que por lo general estará orientado o a la movilidad y recuperación, o a algún entrenamiento que apunte a la capacidad de concentración y toma de decisión. Unas de las grandes responsabilidades del preparador físico de un equipo debe ser amalgamar las cargas que le va a proponer al jugador en armonía con la actividad que proponga el entrenador. El entrenador actual es un profesional muy preparado, con una enorme cantidad de información y con muchos recursos de trabajo. Lo que el PF tiene que hacer, a mi criterio, es acompañarlo en la organización de las cargas, ayudarlo a que su trabajo sea lo más efectivo posible.

La modernidad supone un entrenamiento mucho más global, mucho más situacional. La tendencia lleva a que el futbolista encuentre en el mismo juego estímulos para su velocidad, su resistencia, su fuerza. No soy tan partidario de englobar todos los contenidos y las necesidades de un futbolista en el juego propiamente dicho; creo que el juego es el mejor entrenamiento y el más importante que tiene un futbolista, sin lugar a dudas, pero no es el único. Para eso, hay que aislar distintas capacidades con el fin de potenciarlas de una manera mucho más sustanciosa, es decir, poder impactar en distintas necesidades de una manera más rotunda y contundente. Por ejemplo, para la velocidad se necesitan realizar trabajos de fuerza, de saltabilidad, tareas coordinativas y, obviamente, acciones de máxima intensidad. Lo mismo con relación al entrenamiento de la resistencia o la fuerza. El buen criterio para ordenar las cargas que propone el entrenador y las que necesita desarrollar el PF, son las que van a conducir a un resultado final exitoso en el rendimiento del futbolista.

Cuando en los cuerpos técnicos el preparador físico trabaja por su lado y el entrenador por otro, sin importar las cargas que cada uno propone, lo que va a suceder seguramente es una sobreexigencia por no tener el entrenamiento una organización necesaria de ambos estímulos. La falta de cuantificación en las cargas generalmente desemboca en jugadores cansados y/o lesionados. Hoy, los docentes que trabajan en las escuelas de entrenadores no son solo exjugadores, sino también especialistas, cada uno en su área, en la parte médica, en la parte psicológica, en la parte táctica y también en la parte física. Eso sin lugar a dudas generó un enriquecimiento en la preparación de los entrenadores.

En la actualidad suele haber gran armonía en los cuerpos técnicos. Los entrenadores valoran la función del preparador físico, este entiende la importancia del entrenador, y entre los dos tratan de encontrar la dosificación de cargas más adecuada para que, en definitiva, el máximo protagonista, que es el futbolista, pueda alcanzar los mayores rendimientos posibles. ¡Cuando comencé a trabajar me volvía loco (hoy, un poco menos…) si veía que un jugador se quedaba a rematar después del entrenamiento! Siempre pensé que si se quedaban a patear al finalizar el entrenamiento, era porque todavía tenían energía y sentían que lo necesitaban, por lo tanto, creo que esos remates deberíamos dosificarlos y proponerlos nosotros, pero ubicados a lo largo de la semana, en el lugar y momento adecuado, a fin de no generar riesgos innecesarios.

En ese sentido, habría que "evangelizar" a los jugadores, como a veces les digo a mis colegas. Está bien que entrenemos lo que el jugador propone por sentir que lo necesita, pero tenemos que saber cuándo (en qué momento de la semana) y cuánto tiempo dedicarle.

Como ven, siempre se vuelve al cuándo y al cuánto...

El fútbol actual posee tres patas: El entrenamiento físico, el técnico y el táctico. La tendencia moderna lleva a unificar los tres componentes y hablar de un entrenamiento futbolístico. A algunos entrenadores no les gusta dividirlo en área física, técnica o táctica, pero paradójicamente, cuando se van de vacaciones, los preparadores físicos les damos un plan de trabajo físico a nuestros jugadores y no un plan de trabajo futbolístico...

Cuando sobreviene una lesión, no lo mandamos a jugar al fútbol: queremos primero recuperarlo físicamente, para que el técnico empiece a trabajar luego en lo futbolístico. Hay mucha contradicción. Hay palabras que suenan lindo, desde una concepción filosófica, pero después en la realidad no son tan así.

La verdad es una: Al futbol se juega con la pelota y sin la pelota, por lo tanto, hay que jugar y correr...

Es necesario entender que existen trabajos orientados a impactar específicamente en cada uno de estos tres pilares (físico, técnico y táctico), pero que después el juego va a requerir a los tres en simultáneo. Al mismo tiempo, no hay que olvidarse del aspecto psicológico, porque es un componente fundamental a fin de poder mejorar los anteriores.

Hace muchos años que vengo sintiendo que "jugador contento es mejor que jugador entrenado". Lo aprendí cuando me tocó trabajar con un equipo como el de Nueva Chicago, que estaba casi peleando el descenso y terminó siendo campeón y ascendiendo a Primera. Ese era un equipo feliz, no porque anduvieran riéndose todo el tiempo, sino porque se contagiaban del optimismo y de la confianza. Se motivaban entre ellos: era un equipo unido dentro y fuera de la cancha y eso el rival lo siente...

Si el jugador está contento significa que se siente tranquilo, bien consigo mismo y no tiene preocupaciones. Ese estado de ánimo siempre genera un plus. He tenido jugadores muy bien entrenados, pero que lamentablemente no consiguieron los mejores resultados por falta de actitud positiva. En conclusión: "Jugador contento y entrenado, es imbatible".

Un psicólogo lo traduciría en aspectos como la motivación, la confianza, la concentración y el manejo de las presiones. Creo que atendiendo estos cuatro parámetros tan importantes, estamos en presencia de un jugador ganador. A la hora de entrenar, nunca la obligación será el camino: hay que convencer, la explicación y el fundamento lo son.

No caben dudas de que el psicólogo posee las herramientas más idóneas en ese aspecto para extraer el mayor rendimiento de los jugadores, pero no puede disimularse el perfil del cuerpo técnico, porque todos deben manejar el mismo lenguaje, las palabras correctas, los mismos gestos, es decir, transmitir un mensaje uniforme, que no cause confusión.

Es cierto que siempre puede haber un integrante que desempeña un rol más duro y otro más flexible que va compensando cada circunstancia como en cualquier familia, pero debe existir una línea sobre la cual los integrantes del cuerpo técnico deben congeniar, marcando un estilo determinado.

Los detalles siempre son importantes. A mí me gusta que los entrenamientos sean en general por la mañana, pero prefiero que las prácticas de fútbol se lleven a cabo en un horario que coincida con el que el jugador va a competir, para que en esa práctica haya una similitud con lo que va a ocurrir el día del partido.

Nos conviene que el cuerpo se acostumbre a un estímulo en la práctica de fútbol que sea lo más parecido, respecto del horario, a aquel en el que va a competir. Si el partido es a la noche, con más razón todavía: las luces artificiales son distintas, el rocío en el pasto hace que la pelota tenga otra velocidad, existen un buen número de factores disímiles que precisan que el jugador haga su ensayo final en las condiciones más parecidas a las que se van a presentar el día del partido.

Por la mañana los registros son mejores porque el cuerpo está más predispuesto, menos cansado, mentalmente se da una mayor predisposición para escuchar, para concentrarse, incluso para la exigencia. El famoso "ritmo circadiano" sugiere que los horarios cercanos a las diez de la mañana son los más potables para la superación del rendimiento. De esa manera el jugador se obliga a acostarse temprano, tiene una posibilidad de recuperarse a la tarde con un buen descanso, en definitiva, son varias las razones que confluyen para concluir que el entrenamiento matinal siempre sea el más adecuado.

Normalmente los entrenamientos duran de una hora y media a dos horas, en todo el mundo. Pero esa duración está directamente relacionada con la etapa del año deportivo en la que se esté entrenando: en la pretemporada, las prácticas pueden ser un poco más extensas, cercana a las dos horas; si se atraviesa una semana de competencia, en instancias de campeonato, por lo general una hora y media es lo máximo que se suele entrenar. Tampoco es lo mismo el primer y el segundo día de entrenamiento en la semana, que el del día anterior al partido, que suele ser más corto, contiene más pausas y supone menos exigencias.

En resumen: ¿Qué debe entrenar un futbolista?

Desde lo físico: la velocidad, la recuperación, la resistencia, y la prevención de lesiones como ejes fundamentales.

Desde lo técnico, los fundamentos: el pase, los controles, la conducción, el drible, el remate, el quite y el cabezazo.

Desde lo táctico: todos los sistemas defensivos y ofensivos, con sus correspondientes transiciones, más las situaciones de pelota detenida (tiros libres, los saques, los córners, los penales).

Desde lo psicológico: la motivación, concentración, confianza y manejo de las presiones, tanto las internas como las que se generan en el entorno.

¿Cuándo? ¿Cuánto? Eso marca la gran diferencia...

Espero poder contestarlo en la lectura de este libro.

# CONTENIDOS

"Podemos comunicar sin motivar, pero es imposible motivar sin comunicar"...

# CAPÍTULO 2

## CONOCER EL JUEGO PARA ENTRENARLO

El Global Positioning System (GPS) llegó para traer consigo una gran cantidad de información. Antes de eso, el seguimiento de los futbolistas se hacía mediante un software que trabajaba con cámaras de video; era bastante complejo y casi inaccesible a la mayoría de los cuerpos técnicos, especialmente en las categorías menores.

# ESTADÍSTICA|GPS

## FÚTBOL 11

| Distancia Total | Durac | Veloc. máxima m/seg. | Aceleraciones 20 zonas | | | Desaceleraciones 20 zonas | | | Pot. Met | Zonas | | | | | |
|---|---|---|---|---|---|---|---|---|---|---|---|---|---|---|---|
| | | | | | | | | | | 1 | 2 | 3 | 4 | 5 | 6 |
| | | | 1 | 2 | 3 | 1 | 2 | 3 | | % | | | | | |
| 11.086 m. | 90 min | 8,1 | 176 | 66 | 11 | 102 | 40 | 20 | 8,4 | 6.400 | 2.200 | 1.700 | 465 | 177 | 44 |
| | | | 253 | | | 162 | | | | 58% | 20% | 15,5% | 4,2% | 1,6% | 0,4% |

| ZONAS | VELOCIDADES | | | | |
|---|---|---|---|---|---|
| 1 | 2 | 3 | 4 | 5 | 6 |
| Camina \| H 3m/seg. | Trota 3-4m/seg. | Corre 3-4m/seg. | Rápido 5,5-6,5m/seg. | Muy rápido 6,5-7,5m/seg. | Full + de 7,5m/seg. |

El GPS es un transmisor que se coloca en el bolsillo de una musculosa corta, la cual se calza el jugador; ese transmisor emite una señal que es captada por un satélite, para posteriormente devolverla. Cuando termina el entrenamiento o partido, se conecta el transmisor a una computadora y se obtiene toda la información sobre los

desplazamientos y esfuerzos realizados por el jugador. También se puede recibir la información al mismo tiempo que el jugador realiza la acción.

De esa manera se puede determinar, con exactitud, por ejemplo: cuántas veces acelero y desacelero, cuántos metros caminó, trotó o corrió y cuántos se desplazó a alta y muy alta velocidad.

El GPS también reproduce los mapas de desplazamiento en el campo de juego, y en distintos colores marca las velocidades de los movimientos. Puede medir inclusive la cantidad de contactos que recibió el deportista (un dato que es muy valioso en el rugby), la cantidad de saltos (valioso para medir la actividad del arquero) y otra gran variedad de información.

El uso de los GPS cada vez es más común, aunque siga siendo algo difícil de tener para algunas categorías del ascenso o etapas formativas, pero hoy se cuenta con muchísima más información que algunos años atrás. Así se fueron comprobando dos tendencias determinantes:

1. Cada vez se corre más.

2. Cada vez se corre más rápido.

Esas son tendencias a las que los preparadores físicos debemos prestarle mucha atención.

Ya veníamos viendo que el fútbol se hacía cada vez más dinámico, con mucha más presión, poco espacio y poco tiempo. Esas características le quitaron algo de lugar al virtuosismo del futbolista sudamericano, virtuosismo expresado en gran medida por la gambeta como ADN natural. Se puede afirmar casi sin temor a equivocarse, que los metros que se corren a alta intensidad durante un partido son, en la actualidad, prácticamente decisivos en la incidencia del resultado final.

| Fútbol Juego - Deporte en el que se efectúan acciones: |
| --- |
| Con contacto |
| De alta intensidad |
| Corta duración |
| Con recuperaciones incompletas |
| Intermitentes |
| Con balón \| Sin balón |

El fútbol es cada vez más intenso, con menos pausas, más presiones y, en consecuencia, los preparadores físicos tenemos que manejarnos cada vez más sobre la cornisa de la exigencia. Antes creíamos que la resistencia era el eje protagónico de la preparación; hoy interpretamos la velocidad como la cualidad más importante.

Es por eso necesitamos realizar un entrenamiento más completo, en el que se combinen la fuerza en todas sus manifestaciones, a fin de potenciar, prevenir y equilibrar la musculatura del futbolista. El gran desafío al que nos enfrentamos comprende mantener el equilibrio de no quedarnos corto con la exigencia, pero tampoco pasarnos de vueltas lesionando al jugador.

Quizás eso explique un poco porqué se siguen registrando tantas lesiones a nivel muscular y en las rodillas que, paradójicamente, pese a la prevención y al conocimiento de la medicina deportiva, aún hoy continúan ocurriendo. ¿Por qué, entonces, a pesar de que se entrena cada vez mejor, las lesiones siguen ocurriendo? La respuesta es una sola: las altas exigencias de los entrenamientos y los partidos seguramente son las responsables. Los jugadores deben poseer velocidad para jugar, pero, además, esa característica deberá mantenerse a lo largo de todo el partido. Eso agrega una variable más: la resistencia específica. Por lo tanto, no solamente deberemos tener en cuenta el componente neuromuscular propio de la velocidad, sino también el componente metabólico que permita sobrellevar la fatiga y estar rápidamente en condiciones de repetir nuevas exigencias de alta intensidad durante todo el partido.

En la actualidad se corre por partido entre 400 y 600 metros a alta intensidad. Hoy estamos acostumbrados a observar un juego más dinámico, de otro vuelo. Incluso no faltan quienes aseguran que este fútbol actual es otro deporte. No es una característica exclusiva del fútbol solamente: en el tenis ha ocurrido algo similar. Cada vez hay más saque y volea, la pelota viaja más rápido y las superficies son más veloces. Antes los partidos duraban mucho más tiempo, hoy son más cortos. Tampoco se puede disimular una limitación estratégica: es imposible sostener un pressing de 90 minutos. Por eso hay que ver con qué tipo de jugadores se cuenta y las características tienen, además, es necesario saber dosificar ese pressing en momentos determinados.

Holanda de 1974, aquel fabuloso equipo subcampeón del Mundial de Alemania, presionaba los primeros 15 minutos de cada tiempo, y los últimos 15 minutos. De eso nos dimos cuenta mucho después, cuando se empezó a analizar su despliegue con otras herramientas. Un equipo sensacional, en el que todos jugaban de todo.

Casi 50 años después, y pese a los avances de las ciencias aplicadas al fútbol, tampoco hoy se puede presionar los 90 minutos.

Aunque la mejora física del ser humano sea permanente y constante, ese esfuerzo no puede mantenerse con esa intensidad durante tanto tiempo, por lo menos por ahora...

¿Cómo encaja el arquero frente a esta característica tan relevante del fútbol actual, como es la velocidad? Esta es una cuestión interesante. Creo que el arquero es el único jugador del equipo que, a mi criterio, practica otro deporte, totalmente distinto al que ejecutan sus compañeros. Es uno de los puestos que más ha evolucionado en su preparación en los últimos años, el 99 % de los equipos cuentan hoy con un entrenador de arqueros, hace algunos años atrás ese era un cargo inexistente. Siempre hemos tenido excelentes arqueros en el fútbol argentino, a pesar de no haber contado casi nunca con entrenadores para el puesto. En la actualidad, Argentina continúa siendo cuna de arqueros, pero hoy con una especialización notablemente superior, en todos los aspectos.

De todas maneras, todavía se adolece en algunos casos de una carencia de fundamentación en el entrenamiento de los arqueros. La mayoría de los entrenadores son exarqueros que deberían poseer una especialización en la tarea, que no solo cuente con conocimientos del puesto en lo técnico y lo táctico, sino también en lo físico, lo fisiológico e incluso lo psicológico.

Algunos entrenadores de arqueros se apoyan bastante en los preparadores físicos a la hora de cuantificar y dosificar las cargas del entrenamiento. Generalmente hay un muy buen diálogo entre ambos; el PF es quien suele orientar el entrenamiento desde el área física, mientras que el entrenador de arqueros es el que realmente conoce el componente técnico y táctico del mismo. Mi sugerencia es que además del entrenamiento específico e individual, en algunos entrenamientos el arquero forme parte también del entrenamiento grupal, porque creo, es una buena manera de acercarlo y de que se sienta partícipe del esfuerzo colectivo también. Por ejemplo, sabemos que el entrenamiento aeróbico para el arquero es el menos prioritario, porque su demanda fisiológica en el juego es netamente anaeróbica, ya que generalmente y en su mayoría son acciones de muy corta duración, muy alta intensidad e intermitentes. Pero también sabemos que el entrenamiento diario exige mucha intensidad, corta duración y un gran volumen de repeticiones. Es en esa gran cantidad de repeticiones donde el componente aeróbico va a ayudarlo a recomponerse de manera más rápida y eficiente. Por eso, ese tipo de entrenamiento orientado a la potencia aeróbica, realizado con sus compañeros, además de integrarlo en esfuerzos colectivos, también va a favorecerlo físicamente.

El fútbol es un deporte en equipo que obviamente supone contacto. A la hora del entrenamiento físico los preparadores no solamente entrenan las piernas, sino también la parte superior del cuerpo porque el contacto es permanente.

Se necesita contar con jugadores armónicos muscularmente hablando, que al momento del contacto con el adversario hagan sentir su peso, y que además tengan articulaciones protegidas, fundamentalmente en su columna vertebral. Las acciones del juego son cortas, los futbolistas actuales reciben el balón, tocan y se mueven para volver a mostrarse. Las recuperaciones físicas durante el partido son incompletas, por lo tanto, la suma de esfuerzos de alta intensidad se irán acumulando hasta generar fatiga. Cuando hablamos de "entrenar como jugamos", lo que estamos diciendo es: "Entrenemos con la intensidad que demanda el juego, con duraciones cortas, pero también con pausas cortas e incompletas".

Al fútbol se juega con la pelota y sin la pelota. Cualquier estadística podrá demostrar que se juega más sin la pelota en los pies que con ella. Entrenar con la pelota es el mejor entrenamiento, pero no el único.

Por lo tanto: "Hay que jugar, pero también hay que correr...".

# RECORRIDOS

**SELECCIÓN ARGENTINA | MUNDIAL DE RUSIA 2018 | 4 PARTIDOS**

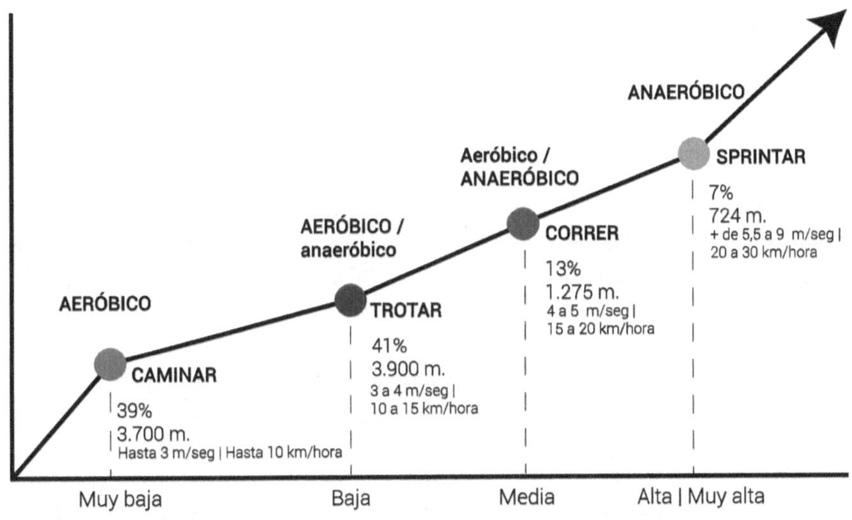


**90 MIN./ 9,6 KM.**

Datos referidos a recorridos e intensidades realizados por la Selección Argentina | Mundial de Rusia 2018:

- Caminata (hasta 3 m/seg - 10 km/h)
- Trote (de 3 a 4 m/seg. - 10 a 15 km/h)
- Carrera (de 4 a 5,5 m/seg. - 15 a 20 km/h)
- Rápido y sprint (de 5,5 a 9 m/seg. - 20 a 32 km/h)

En los cuatro partidos que la selección disputó en territorio ruso, cada jugador se desplazó un promedio de 9,6 kilómetros. De esa distancia se desglosa el porcentaje dedicado al tránsito, a cada velocidad:

- Caminar: 39 %  (3 700 metros)
- Trotar: 41 % (3 900 metros)
- Correr: 13 % (1 275 metros)
- Rápido / Sprint: 7% (724 metros)

Habíamos señalado que los futbolistas corren hoy en promedio entre 400 y 600 metros a alta intensidad por encuentro. Como se advierte, los jugadores de élite que integran el seleccionado superaron con amplitud esa marca: fueron 724 metros en el Mundial 2018. Y es muy probable que en Qatar 2022 pasen ese volumen seguramente. Es la tendencia que se va imponiendo.

"Aquel equipo que logre correr durante un partido más metros que el rival a alta intensidad, tendrá inevitablemente más chances de ganar...".

Esta es una contundente conclusión que arrojó un estudio llevado a cabo por el Profesor Néstor Bonillo, preparador físico de la selección de Perú junto a su grupo de colaboradores en el cuerpo técnico que conduce Ricardo Gareca.

De vuelta al punto de inicio de este capítulo: el GPS permite ver cuántos sprints hizo un futbolista en el primer tiempo y cuántos en el segundo; eso nos posibilita descubrir si el jugador bajó o mantuvo la cantidad de sprints y está revelando la falta o no de resistencia específica.

A los preparadores físicos nos interesa mucho estar al tanto de la velocidad máxima que alcanzó el jugador, porque ese dato además de determinar su rapidez, es sinónimo de que está sano, está bien. Si mejora o mantiene su propio récord significará que está potenciado; por el contrario, si no está a pleno, la caída de velocidad permitirá advertir: quizás alguna lesión, molestia o cansancio.

El GPS es un muy gran aliado del preparador físico, pero ¡cuidado! No hay que obsesionarse con los resultados que nos entrega. Hay que saber interpretarlo de acuerdo al contexto en el que se está evaluando.

¿Acaso un jugador que corre siempre 12 kilómetros, está mal porque un día corrió 9? ¿Qué le ocurrió? ¿Se cansó? Se multiplican las preguntas. De repente, el consejo táctico del entrenador fue que no pasara la mitad de la cancha, porque con el empate el equipo se clasificaba. ¿Para qué se iba ir al ataque? Corrió tres kilómetros menos, pero hizo lo que el entrenador le pidió: cumplió.

La información para que sea realmente completa, debe ir de la mano de la consigna que el entrenador haya planteado y del contexto general del partido. Los contenidos de los entrenamientos obedecen a dos áreas: entrenamiento físico y entrenamiento futbolístico. En el primero, los objetivos a mi criterio son: mejorar la velocidad del jugador, su recuperación, su resistencia específica y prevenir lesiones.

En el entrenamiento futbolístico serán: el mejoramiento de la técnica, los componentes táctico-estratégicos y el juego (adecuado a los distintos espacios, diferente cantidad de jugadores y distintas consignas). Dentro de la metodología de trabajo, el preparador físico deberá tener injerencia en la dosificación de todos ellos.

El preparador físico puede usar ejercicios técnicos para la entrada en calor, para hacer la transferencia de un ejercicio físico a uno técnico o para llevar adelante un trabajo de recuperación a través del juego. Lo que el entrenador hace es corregir esa técnica, porque se siente mucho más preparado para hacerlo y porque su condición de exjugador lo habilita a poder corregir una posición del pie, una posición del cuerpo o una elevación de rodilla correcta. El preparador físico también debe estar interiorizado en lo táctico, porque de acuerdo con modelo de juego que propone el entrenador, podrá utilizar muchas de esas ideas futbolísticas para los calentamientos, los rondós técnicos de calentamiento o de recuperación.

La idea será identificarnos con la filosofía futbolística del entrenador.

En definitiva: el preparador físico debe saber cómo le gusta jugar al entrenador, mimetizarse y utilizar parte de esa estrategia en su propio trabajo.

"Que tu equipo haga 200 kilómetros en un entrenamiento no te garantiza ganar, como tampoco hacer 300 pases correctos"...

# CAPÍTULO 3

## ¿QUÉ BUSCA EN SU TRABAJO EL PREPARADOR FÍSICO?

Desde que empezamos a trabajar nos planteamos la necesidad de tener jugadores físicamente aptos. Pero a veces no terminamos de comprender a que llamamos "físicamente aptos".

La primera definición que se nos cruza por la cabeza es: "Jugadores que puedan correr todo el partido", simplemente porque un partido tiene más de 90 minutos. Ese concepto original está más relacionado con la duración que con la intensidad.

Nuestros maestros nos enseñaron que la resistencia era la madre de todas las cualidades y que por lo tanto el fútbol iba a demandar en gran parte de esta cualidad. Por esa razón nos abocamos a esa tarea como objetivo prioritario: preparar futbolistas que corrieran más tiempo y más distancia.

Las pretemporadas siempre estaban llenas de kilómetros y kilómetros, los entrenamientos más innovadores y revolucionarios, incluso más valorados, tenían que ver con las carreras de duración. Con el tiempo, eso se fue modificando y nos dimos cuenta de que si bien durar en un partido era importante, hacerlo sin una velocidad adecuada no iba a resultar determinante.

Hace ya bastante tiempo que se produjo una auténtica revolución, incluyendo la fuerza en la programación del entrenamiento. A partir de ahí, la velocidad pasó a ser la protagonista de nuestras sesiones.

Antiguamente, hablar de fuerza era sinónimo de endurecimiento, torpeza, falta de fluidez en los movimientos. Esto ocurría porque se arrastraba el concepto de que la fuerza endurecía, restaba coordinación y fluidez a los movimientos.

Con el tiempo nos dimos cuenta y comprobamos que la fuerza no solo no quita coordinación, sino que incluso la mejora y nos provoca un rendimiento muscular superior a la hora de generar acciones rápidas, colaborando en la ejecución técnica y disminuyendo la cantidad de lesiones. Por lo tanto, de esta manera se comprobó que una capacidad que estaba subvalorada se había transformado en una herramienta fundamental del entrenamiento.

Con la fuerza, también se puso de manifiesto otra cualidad que estaba un tanto relegada: la velocidad, capacidad fundamental de todos los deportes. Quizás se la descuidaba porque la velocidad siempre estuvo relacionada con las lesiones: el prejuicio general era que el jugador ante una acción de muy alta intensidad estaba propenso a lesionarse.

La velocidad se entrenaba más aplicada al juego que al entrenamiento especifico y cada futbolista la manejaba de acuerdo con sus posibilidades (o a sus temores a lesionarse). A partir de que la fuerza comienza a cobrar protagonismo, en los primeros años de la década del 90, la velocidad del futbolista se vuelve una cualidad determinante. La velocidad es la que marca la diferencia entre llegar antes o después a la pelota. La que supone poder empujar la pelota para marcar un gol o rechazarla para evitarlo.

El replanteo de las situaciones fue inmediato. Un jugador veloz siempre va a influir mucho más que uno que no posee esa característica. De manera que, dotarlo de velocidad pasó a ser uno de los objetivos más importantes que tenemos los preparadores físicos.

En los orígenes del entrenamiento futbolístico, la duración predominaba sobre la intensidad, lo que llamábamos resistencia consistía en un trabajo continuo y de baja intensidad cuya predominancia era prioritariamente aeróbica. Hoy ese trabajo perdió aplicación, en el alto rendimiento y solamente se utiliza como metodología de recuperación o de construcción aeróbica en las etapas infanto juveniles formativas.

La metodología se volcó a realizar carreras intervaladas de mayor exigencia, tales que estimulen al sistema aeróbico-anaeróbico, buscando así aumentar el consumo de oxígeno, hacer más eficiente el aparato cardiorrespiratorio y, de esa forma, cada vez que se produce una detención durante el partido, nuestros jugadores puedan estar lo más rápidamente aptos para efectuar un nuevo esfuerzo tras la reanudación.

Las acciones en el fútbol no son continuas, el entrenamiento en lo posible tampoco debería serlo. Por lo tanto, la recuperación será fundamental porque nos va a determinar que aquel jugador que se recupere en menos tiempo saque una gran diferencia a su favor.

Sabemos que las acciones del fútbol, por sus duraciones, no nos van a permitir una recuperación completa. Las pausas son cortas y aquel jugador que pueda utilizar ese pequeño lapso a favor de una mayor recuperación respecto al adversario, sacará indudablemente una ventaja que, por pequeña que sea, a la hora del duelo personal lo beneficiará. Un jugador que aprende a convivir con esa fatiga sin que disminuya su rendimiento (no solo físico, sino también técnico, táctico y mental) sabe que a esa situación desfavorable va a poder sacarle provecho, y eso ¡es una ventaja muy importante!

A eso me refiero cuando digo "entrenemos como jugamos". A la hora de entrenar durante la semana, necesitamos que los jugadores convivan con esa sensación de ahogo, de fatiga, mientras buscamos que no pierdan precisión en la técnica, que no pierdan la concentración a la hora de tomar decisiones y de aplicar tácticamente lo que el técnico les pidió.

En la medida en que se aprende a convivir con esas sensaciones desfavorables sin desvirtuar las capacidades técnico-tácticas, se irán sumando rendimientos más favorables en los partidos. Por eso, entrenar la recuperación pasa a ser también fundamental.

Otra capacidad primordial para tener en cuenta es la resistencia específica, a la que se consideraba como la madre de todas las cualidades en el fútbol. Esta resistencia se basa en entrenar acciones de alta intensidad y corta duración, con pausas incompletas, con balón o sin balón, a fin de proveer al jugador de una cualidad que le permita sostener un ritmo de alta intensidad permanentemente.

Necesitamos jugadores que se muevan rápido, con la pelota y sin ella, que se recuperen en el menor tiempo posible durante un partido, pero también entre un encuentro y el siguiente, sobre todo cuando las ligas nos demandan compromisos frecuentes. La resistencia específica nos lleva a combinar las dos cualidades anteriores (velocidad y recuperación) a fin de lograr que los futbolistas mantengan una alta intensidad a lo largo de todo el partido.

No es posible dejar al margen otro gran objetivo, a la prevención de lesiones. ¿De qué nos sirve tener jugadores rápidos, con gran recuperación, que puedan sostener su velocidad todo el partido, si están permanentemente lesionados? El entrenador debe tener a su disposición la mayor cantidad de jugadores posibles a fin de armar el mejor equipo posible.

Respecto a las lesiones, cuando el equipo gana, el problema pasa a un segundo plano, pareciera camuflarse, se disimula. Pero si la irregularidad es la característica de ese equipo, y además sufre una gran cantidad de lesionados, no solo se estará provocando una gran

pérdida de dinero al club, sino que la posibilidad de revertir deportivamente esa situación será menos posible.

Tengamos en cuenta que entrenar bien no es entrenar mucho, sino lo necesario. Esto supone más calidad que cantidad. Por eso la prevención de lesiones pasa a ser una meta que incluye de manera protagónica al preparador físico, que es el responsable del ordenamiento de las cargas durante la semana.

El juego también es un objetivo de la preparación. No solamente porque creo que es el entrenamiento más importante, sino porque es el entrenamiento en el cual el jugador se siente mejor predispuesto, mucho más involucrado, al que encuentra más inclusivo. Es el entrenamiento más específico, es el ensayo final, el que pone a prueba todos los conceptos que el entrenador promueve, el que permite demostrar todas las condiciones técnicas con que el futbolista puede enriquecer al equipo. Para los preparadores físicos es el mejor banco de pruebas: nos permite comprobar la velocidad del jugador, su recuperación y su resistencia específica.

El juego no es la única fase del entrenamiento en el que aparece la pelota. Por ejemplo, el entrenamiento de velocidad puede hacerse con pelota tanto como sin ella. Depende de la elección del preparador físico, como del momento de la semana o del año. Sin embargo, la pelota limita la velocidad máxima porque existe un requerimiento técnico que no todos poseen. Salvo Lionel Messi, que corre con la pelota a la misma velocidad máxima que cualquier otro ser humano… sin la pelota.

Está claro que, cuanto más apto técnicamente sea el jugador, menos variará su velocidad corriendo con la pelota. Se calcula que existe una diferencia de un 5 a un 15 %, aproximadamente, de acuerdo con el grado de riqueza técnica del jugador. Este tipo de entrenamiento de velocidad con pelota también sirve como una acción preventiva de lesiones, porque el balón funciona como un regulador de velocidad.

A cualquier deportista se le ilumina la mirada cuando aparece la pelota, es el juguete deseado. El jugador creció y se desarrolló como futbolista en base al esfuerzo, la exigencia y los trabajos de carga física importante. Aprende a convivir con esa demanda y la toma como parte de su crecimiento, pero si pudiese elegir, preferiría sin dudas el entrenamiento con la pelota.

# REQUERIMIENTOS

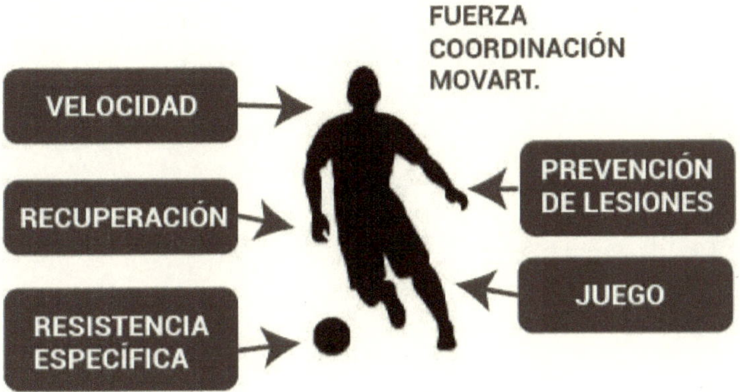


*"Cada entrenamiento no puede ser uno más, debe ser el mejor ".*

# CAPÍTULO 4

## MI MÉTODO

Cada preparador físico posee su propia metodología de trabajo. En general arranca a trabajar copiándola de algún referente y después, en base a lo que estudia, observa y a su capacidad, le va dando su impronta. Esa metodología se transforma en una manera de trabajar, lo hace sentir confiado y seguro.

A mis alumnos siempre les digo que el camino para alcanzar el éxito no es uno solo, que existen varios y distintos caminos. El desafío está en encontrar esa senda. Para ello es imprescindible estudiar, pero también experimentar.

**En esa combinación de estudio y experiencia se forja la propia metodología. La que identifica al profesional. Sobre todo, la que le da credibilidad, la cualidad más importante que debe poseer un líder.**

El jugador reconoce de inmediato cuándo lo que se le propone es creíble o no.

Con el tiempo fui tomando conciencia que, en mi trabajo, había una manera determinada de desarrollar los contenidos que se vieron en el capítulo anterior (velocidad, recuperación, resistencia específica y reducción de lesiones), lo que se dice un estilo. Un estilo que no deja nunca de modificarse y adaptarse a nuevos conocimientos y nuevas experiencias.

Es así como en los últimos años pensé que podría dar una nueva vuelta de rosca a mi metodología, apuntando no solo a las manifestaciones de intensidad, duración, carga o volumen del entrenamiento, sino a la pausa entre esfuerzo y esfuerzo, que se debería utilizar.

Así fue que comencé a diagramar un método que me llevó a realizar entrenamientos más cortos y más intensos, en el que las pausas fueran similares a las que el futbolista experimenta durante los partidos. Esta idea había dado vuelta en mi cabeza durante mucho

tiempo. Y me pregunté, por qué no darle lugar a esa reflexión tan conocido que habla de "entrenar como jugamos". Por lo tanto me dije, si se juega con pausas cortas, ¿Por qué no entrenar de la misma manera?

Y así me propuse llevarlo a una forma de entrenar más corta, más intensa y con pausas más reducidas. En definitiva, se trata de acostumbrar al futbolista a entrenar bajo situaciones de estrés físico y psicológico similares a las que el juego va a provocarle.

# PAUSAS

## 15 Segundos

> **Acostumbrar al futbolista a entrenar bajo situaciones de estrés físico y psicológico similares a las que el juego le va a provocar. Para ello se propone adaptar las INTENSIDADES, DURACIONES Y VOLÚMENES a fin de que 15 segundos sean prioritariamente la pausa a aplicar en cada RECUPERACIÓN.**

Para ello, lo que tenemos que hacer los preparadores físicos es adaptar las intensidades, duraciones y volúmenes de los entrenamientos de manera de que 15 segundos sean una pausa constante en todos los trabajos orientados a mejorar las cualidades ya puestas de manifiesto: velocidad y recuperación, resistencia específica.

Así empecé a poner en práctica esta metodología. Al jugador, curiosamente, le resulta más placentero. ¿Por qué parece curioso? Con este tipo de entrenamiento, está obligado a correr más rápido, dispone de menos tiempo para recuperarse, convive con una situación de fatiga física y psíquica mayor a la corriente, pero lo acepta de mejor grado porque la exigencia le resulta familiar: es lo que está acostumbrado a enfrentar durante los partidos.

Comienza a sentir que entrena como juega. Es la clave: entrenamos como jugamos. Con este método, lo que le estamos planteando al jugador es que los desafíos del entrenamiento son los mismos que los del partido. Si está cansado y se le demanda otro esfuerzo, no es por capricho: es porque el partido se lo va a exigir. Cuando le ocurra eso durante el partido, el rival seguramente también estará atravesando una situación similar. ¿Quién sacará ventaja de dicha situación? Seguramente aquel que haya experimentado y utilizado esa manera de entrenar.

De todas maneras, esto no significa que tengamos que entrenar todo el tiempo bajo una exigencia de esta índole, porque sabemos que las cargas de la semana irán variando. Existen momentos de menor y mayor exigencia para buscar llegar al día del partido de la manera más óptima.

Se habla de intensidades, duraciones y volúmenes en los entrenamientos. Las intensidades refieren a la velocidad; las duraciones son el tiempo que dura el esfuerzo; los volúmenes a la sumatoria de repeticiones o metros.

Por ejemplo: 3 series de 8 repeticiones de 125 metros en 25 segundos con 15 pausas, supone un volumen de 3000 metros, con una intensidad del 75% (porque 125 metros en 25 segundos representa una velocidad de 5 m/seg), y una duración de 25 segundos por esfuerzo, más todas las pausas de 15 segundos y macro pausas de 1:30 min.

En otro momento, ese mismo trabajo probablemente lo hubiera dispuesto así: 5 series de 2 repeticiones de 300 metros en 60 segundos (intensidad 75%) con una pausa de 60 segundos al trote y macro pausa de 1:00 min.

Igual volumen, más duración, igual intensidad, mayor pausa... poco parecido con el juego, ¿No?

El entrenamiento se va haciendo cada vez más específico. Así como en el primer capítulo se subrayó la idea de individualidad, para que cada futbolista entrene de acuerdo a sus posibilidades, la especificidad supone ahora entrenar cada vez más parecido a cómo se juega.

Cuando el entrenador proponga una actividad, en la que las pausas sean cortas, el jugador preparado de esta manera va a recuperarse más rápido y tendrá una ventaja física, técnica, táctica y psicológica por sobre quien no esté entrenado de la misma forma.

Siempre reconoceré y agradeceré a mis jugadores de Selección Argentina de fútbol playa, con quienes trabajé durante mucho tiempo, ellos fueron quienes me dieron la posibilidad de experimentar cosas que eran casi imposible de probar en el fútbol profesional, ya que competían solo tres o cuatro veces por año y el resto del tiempo lo dedicábamos a mantenernos y probar cosas nuevas para llegar de la mejor forma.

"Profe, qué bien que me siento con esto...", empezaron a decirme.

"Profe, esto me gusta mucha más que lo otro...".

"Profe, esto no me hace tan bien...".

¡Gran aprendizaje el que transitamos juntos!

Lo que nunca sabremos con certeza es si con otro método podríamos haber mejorado aún más.

En esa búsqueda permanente estamos los preparadores físicos, esa búsqueda que nunca acaba...

*"Siempre se puede mejorar, siempre".*

# CAPÍTULO 5

## LA VELOCIDAD DEL FUTBOLISTA (CONTRASTE NEUROMUSCULAR)

Definamos qué es la velocidad en el fútbol.

Es la capacidad de poder trasladarse en el menor tiempo posible de un sector a otro del campo de juego, pero también es detenerse o cambiar de dirección rápidamente y también es tomar correctas decisiones en tiempos muy breves, tal como lo exige el fútbol actual.

# VELOCIDAD

## "Capacidad para realizar acciones del juego en el menor tiempo posible".

Por lo tanto, ser veloz no es solamente moverse rápido, sino también frenar rápido, cambiar de dirección rápidamente, y además decidir en un tiempo muy breve. La pelota también tiene velocidad, y esa velocidad es manejada por el jugador. Son prioritariamente los entrenadores quienes trabajan esa velocidad.

De acuerdo con un modelo de juego que los identifica y a las ejercitaciones utilizadas, es como se determina en definitiva la velocidad con que se moverá la pelota. La tarea que nos involucra a los preparadores físicos respecto de la velocidad será, prioritariamente, la de las piernas del futbolista.

En su libro *La pliometría*, el entrenador francés Gilles Cometti habla de "contraste neuromuscular". Se refiere a una combinación de distintos tipos de fuerza aplicables (intramuscular, elástica e intermuscular) para mejorar la velocidad de un futbolista. Con ese método se irán combinando distintos tipos de fuerza ejecutadas por el tren inferior, efectuando ejercicios de fuerza explosiva, fuerza elástica y ejercicios coordinativos en favor de poder realizar acciones más rápidas y eficientes en relación con los desplazamientos del futbolista. Es preciso en este punto formular la siguiente consideración: debemos recordar que la capacidad de generar velocidad tiene que ver, en gran parte, con un componente genético del jugador, que sin dudas va a predisponerlo a ser más veloz o no.

Teniendo en cuenta esta consideración, mi reflexión sería: "Algunas veces nuestros jugadores logran ser un poco más rápidos, otras un poco menos lentos...".

La velocidad es la capacidad condicional fundamental para determinar con qué tipo de jugador contamos.

# VELOCIDAD

## ¿Para qué...?

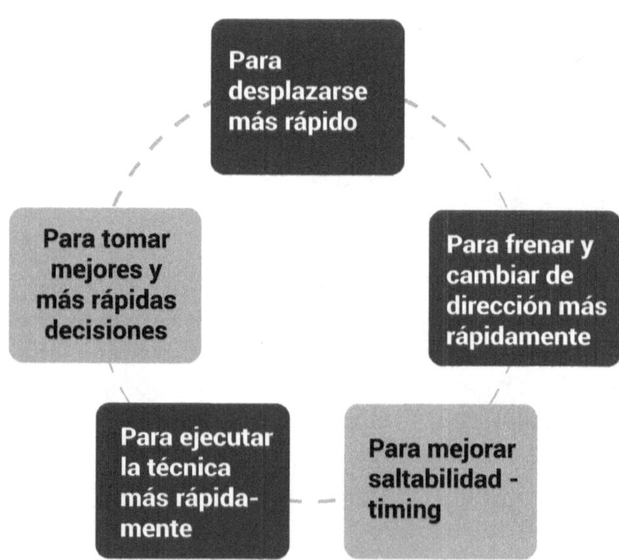

Todo entrenador quiere tener en su plantel jugadores rápidos. Aquellos que estén genéticamente más predispuestos para serlo, serán los que tengan un techo más alto.

Los jugadores de fútbol llegan a profesionales porque son dueños de capacidades genéticas que los predisponían desde lo físico para alcanzar esa graduación.

He visto jugadores técnicamente brillantes a quienes el físico no les daba y acabaron jugando los fines de semana con sus amigos en torneos de fútbol amateur. También vi excelentes atletas a quienes, quizás, no les daba su condición técnica o su motivación o su perseverancia y hoy también están jugando todos juntos esos mismos torneos. Me llevó bastante tiempo darme cuenta de que para jugar al fútbol profesionalmente, hay que tener con qué, y no hablo solamente de la cualidad técnica tan importante, sino de la cualidad física tan necesaria para sostener a la primera.

Se suele decir "venir de fábrica", a esos jugadores a los que podemos formar y pulir enseñándoles a entrenar, a descansar y a alimentarse correctamente, pero cuya materia prima ya existe. Hace algún tiempo, decíamos que los jugadores más grandes suplían la diferencia de velocidad respecto a los más jóvenes (propia de la edad) con la experiencia que acumulaban de tantos años de trayectoria. Era lo que se decía "jugadores tiempistas", que sabían ubicarse, llegaban antes a la pelota, tenían muy buena lectura del juego, una capacidad de observación muy desarrollada y una velocidad de decisión muy entrenada.

Hoy esto ha cambiado de una manera asombrosa. Ya no se ven aquellas diferencias. Los cambios metodológicos de entrenamientos utilizados, más la especificidad de los mismos, han logrado incrementar de manera sustanciosa la capacidad de observar el juego y entrenar respuestas para poder decidir rápido y bien. Me animo a pensar que hoy, a los 15 años, un chico quizás tenga la misma experiencia decisional que un jugador de antes cuando tenía 30.

En la gran mayoría de los clubes, hoy se trabaja muy bien en etapas formativas y eso hace que un jugador entrene teniendo más contacto con la pelota y estímulos en los que tenga menos tiempo para resolver, por lo tanto, su velocidad de decisión junto con la técnica se entrenará más y mejor. Por eso cada vez es más difícil que un jugador de 30 años le gane en la actualidad a uno de 20.

> *"Un entrenamiento exclusivamente de carreras no será suficiente para poder mejorar la velocidad, se deberá mejorar, además, el fortalecimiento de miembros inferiores, especialmente con acciones de FUERZA-VE-LOCIDAD".*

*1.* Por lo tanto, para entrenar la velocidad no será suficiente solo correr rápido. Será además necesario entrenar una gran cantidad de acciones musculares, con variación de ejercicios, variación de carga a una y dos piernas, con balón y sin balón, etc. Durante muchos años, se instaló el mito de que entrenar en la arena durante la pretemporada "endurecía" al jugador, le quitaba precisión y lo dejaba "torpe". Trabajé muchos años en la arena con el fútbol playa. ¡Ahí fue donde advertí que mis jugadores, cada vez que jugaban fútbol 11 o futsal, me comentaban lo bien que se sentían! Y además de desmitificar los perjuicios de la arena, ¡se sentían mas rápidos y muy bien con la pelota! Ellos me dieron la pauta de que la arena los estaba mejorando.

Años más tarde tuve la oportunidad de experimentarlo en los entrenamientos de fútbol de campo, con muy buenos resultados, y no solo durante la pretemporada sino además en etapa de competencia. En un análisis más minucioso, dialogando con algunos preparadores físicos más experimentados, entendíamos que las pretemporadas antiguas eran mucho más largas, en ellas generalmente no se tocaba la pelota al comienzo y se utilizaba la arena como trabajo orientado a la fuerza y a la resistencia. Quizás por ello, era lógico que cuando se les daba la pelota a los jugadores hubieran perdido precisión y soltura. Al final, la arena terminó siendo la culpable y "la causa de todos los males". Error.

Para resumir, mi experiencia indica que utilizar arena combinando con pasto, más el trabajo permanente con el balón, no solo no va a quitar precisión o coordinación, sino que, por el contrario, la va a favorecer. El jugador que entrenó en la arena se va a encontrar con articulaciones y músculos más fuertes y con una técnica más afianzada.

Al no tener playas en el área metropolitana de Buenos Aires (AMBA), dónde tienen su sede la mayoría de los equipos directamente afiliados a la Asociación del Fútbol Argentino (AFA), solemos descartarla en nuestra planificación. Aquellos preparadores físicos que ya la probaron y los que se animen en el futuro, son y serán los responsables de cambiar el paradigma de que la arena es una mala palabra para entrenar futbolistas. El cuadro muestra la manera de organizar el contraste neuromuscular: ejercicios de fuerza, saltos, coordinación y velocidad. Cada preparador físico tiene sus ejercicios favoritos: son aquellos en los que uno cree y deposita la confianza de haberlos utilizado sabiendo a que resultados nos conducirán.

# ¿Cómo entrenar la VELOCIDAD?

## CONTRASTE NEUROMUSCULAR

| Fuerza tren inferior | Saltos | Coordinación | Velocidad |
|---|---|---|---|
| **4 REPETICIONES** (Max Velocidad-15%/50% PC) | **4 SALTOS** | **5 SEGUNDOS** | **De 5 a 30 m.** |
| » Isométricos.* <br> » Estocadas.* <br> » Balanzas.* <br> » Sentadillas. <br> » Tijeras con peso.* <br> » Subidas explosivas* 2-1A. <br> » 2° Tiempo con tijera.* | » Frontales 2 A. <br> » Razantes 2 A. <br> » Frontales 1 A. <br> » Tijeras. <br> » Cajón + Valla 2A. <br> » Cajón + Valla1A. | » Escalera. <br> » Aro. <br> » Step. | » Lineal <br> » Zig-Zag. <br> » Ida y vuelta. <br> » Slalom. <br> » Compitiendo. <br> » Estímulo neurocognitivo. <br> » Con balón- sin balón. |

Los que figuran en la tabla son aquellos con los que más me identifico y considero prioritarios a la hora de programar un entrenamiento de velocidad.

Para conseguir fuerza de piernas, utilizo ejercicios isométricos, estocadas, balanzas, sentadillas, tijeras con peso, subidas explosivas y segundo tiempo con tijera. El ordenamiento no es casual: está marcado por una progresión que va desde la simpleza a la complejidad, comenzando con los que suponen menos riesgo. Dejando para el final aquellos que poseen una mayor demanda muscular y dificultad técnica.

Desde el principio, la metodología será la misma: los ejercicios que se utilizan en pretemporada se repiten durante el campeonato, lo que no significa una prohibición para incluir algún otro ejercicio que se crea necesario, aunque siempre de manera gradual y progresiva. Cambiar un ejercicio en pleno campeonato requiere un tiempo de adaptación que, por lo general, puede ser proclive a desencadenar dolores y lesiones.

Por eso, el consejo es no experimentar ejercicios novedosos todas las semanas, influenciados por las ideas atractivas que sugieren las redes sociales, simplemente porque nos parecen innovadores y creativos. Si realmente lo son, lo ideal es incluirlos gradual y progresivamente para que la adaptación sea la adecuada. En pretemporada, bienvenidos sean; ¡en temporada, con cautela!

Entre los ejercicios de saltos se apunta a los unipodales, porque el futbolista está apoyado de esa manera permanente, tanto para patear como para saltar. El criterio gradual debe ser siempre, de lo simple a lo complejo y de lo menos riesgoso a lo más riesgoso.

Saltos frontales a dos piernas, saltos rasantes a dos piernas, saltos frontales a una pierna, saltos tijera, saltos que combinan cajón y valla, con una o dos piernas. Son mis preferidos.

Los ejercicios de coordinación representan el momento anterior a la transferencia final, en la que se va buscando una coordinación intermuscular fluida y rápida. En ellos podremos combinar todo tiempo de elementos: escaleras, aros, steps, sogas.

En coordinación el objetivo es avanzar en grados de dificultad, siempre cuidando que se ejecuten a la mayor velocidad posible en un periodo muy corto, de entre cinco y siete segundos, para asegurarnos que esa velocidad sea la máxima posible.

El final del trabajo la predisposición neuromuscular se produce con los ejercicios de velocidad propiamente.

Las distancias nunca deben ser menores a cinco metros, pero tampoco demasiado superior a los 30 metros. Estadísticamente, eso es lo que suele desplazarse el futbolista en acciones de muy alta intensidad. Por supuesto, dependerá también del puesto que el jugador ocupa en el campo de juego. Treinta metros será una distancia muy recomendada para poder alcanzar velocidad máxima.

Es importante no acostumbrar al jugador a correr solamente en forma lineal. Es necesario tratar de manejar la velocidad en recorridos curvos, en zigzags, en idas y vueltas, con slalom, con aceleración y desaceleración, incluso incluyendo el balón, y por sobre todo ¡en juegos de velocidad! También es importante considerar el espíritu competitivo del jugador. Por eso es aconsejable tomar tiempos de las carreras. Ya que es una de las maneras más adecuadas para lograr que el jugador se exija realmente al 100 %.

La única forma de soltar al futbolista y llevarlo a mostrar esa exigencia máxima es buscándole acciones motivadoras para que se desinhiba, desactive ese freno preventivo natural que a veces tiene y ponga de manifiesto su verdadero rendimiento.

Lo ideal es entrenar de 400 a 600 metros por semana de velocidad máxima. No es el mismo entrenamiento cuando jugamos cada siete días o más, que cuando la competencia se hace en menos días. Por eso hay que clasificar el tipo de semana de acuerdo al tipo de semana de competencia:

La semana tipo (siete días entre un partido y otro).

La semana corta (menos de siete días entre un partido y el siguiente).

La semana larga (más de siete días entre compromisos consecutivos).

El problema que se nos presenta es cómo dosificar ese volumen a lo largo de la semana. Hasta el 2006 yo lo realizaba en una sola sesión. Cuando introduje la entrada en calor con sobrecarga (una acción que se verá en el siguiente capítulo), entendí que podía sacarse más rédito dosificando ese volumen, repartido en distintas sesiones.

Y así arribamos a la siguiente planificación:

# DOSIFICACIÓN | CN

## ¿Cuándo? ¿Cuánto?

**CRONOGRAMA SEMANAL COMPETITIVO**

| TIPO | COMP. | +1 | +2 | -4 | -3 | -2 | -1 | COMP. |
|---|---|---|---|---|---|---|---|---|
| | PARTIDO | DESCANSO | | 200 m. | 120 m. | | 100 m. | 100 m. PARTIDO |
| | 520 m. | | | | | | | |

| LARGA | COMP. | +1 | +2 | -5 | -4 | -3 | -2 | -1 | COMP. |
|---|---|---|---|---|---|---|---|---|---|
| | PARTIDO | DESCANSO | | 200 m. | 100 m. | 100 m. | | 100 m. | 100 m. PARTIDO |
| | 600 m. | | | | | | | | |

| CORTA | COMP. | +1 | +2 | -3 | -2 | -1 | COMP. |
|---|---|---|---|---|---|---|---|
| | PARTIDO | DESCANSO | | 120 m. | | 100 m. | 100 m. PARTIDO |
| | 320 m. | | | | | | |

En una semana tipo, ese volumen se distribuye a lo largo de tres o cuatro momentos.

El primer momento es el día -4, muy importante, a cuatro días del próximo partido; el segundo es el día -3, a tres días del siguiente encuentro. Siempre es muy importante que cuando ubiquemos este tipo de entrenamiento, hayamos tenido una recuperación completa del partido anterior y estemos a no menos de tres días del próximo.

Eso tiene una razón específica: hablar de velocidad supone hablar también de fuerza y de saltabilidad, lo que no va a generar una fatiga importante del sistema nervioso y muscular. Por lo tanto, el abuso de fuerza o de saltos pocas horas antes del partido puede volverse una carga bastante riesgosa. El último estímulo fuerte se produce el día anterior al partido, pero sin la combinación de fuerza y saltabilidad, solamente con trabajos de velocidad lineales, en los que el jugador reaccione acelerando progresivamente, sin arrancar de cero, y en lo posible sin frenar de golpe, para evitar cargas excéntricas.

Mi propuesta es que las distancias sean cortas; los frenos, progresivos; las aceleraciones, graduales; el volumen sea bajo y las pausas, amplias.

En el día del partido se utiliza el contraste neuromuscular en la entrada en calor, a lo cual vamos a referirnos con más amplitud en el próximo capítulo. Así, vuelve a utilizarse la velocidad como parte de la preparación previa a cada una de las competencias.

Como vemos, se repartieron cuatro estímulos, entre los cuales fue distribuido el volumen de 400 a 600 metros. La medida exacta dependerá de distintos factores: si el partido anterior fue con viaje o no, si estamos a principio o a fin de año, si se jugó con lluvia, etc. Son todas variables que estimulan la intuición del preparador físico, para saber si el volumen deberá estar más cerca de los 400 metros o de los 600 metros.

En las semanas largas, al agregarse más días de entrenamiento, el volumen se acerca probablemente a los 600. Se genera un día más de estímulo, ubicado siempre no menos de tres días después de haber jugado y, a lo sumo, no menos de tres días antes de volver a jugar. Las cargas del día anterior al partido son exactamente iguales. En las semanas cortas, obviamente, bajamos hasta cerca de los 400 o, incluso, podría ser menos. Solamente dos días de estímulo.

¿Cómo pauté mi metodología de trabajo, muchos años atrás?

Planteándome que si un jugador puede correr 300 metros a su máxima velocidad, mi idea sería prepararlo para que corra el doble, pero fraccionando la distancia a 5, 10, 15, 20, 25 y 30 metros.

Hoy los GPS nos marcan distancias similares a muy alta intensidad recorridas durante la competencia: una vez más la intuición vence a la información.

# RECORRIDOS EN COMPETENCIA

**SELECCIÓN ARGENTINA | MUNDIAL DE RUSIA 2018 | 4 PARTIDOS**

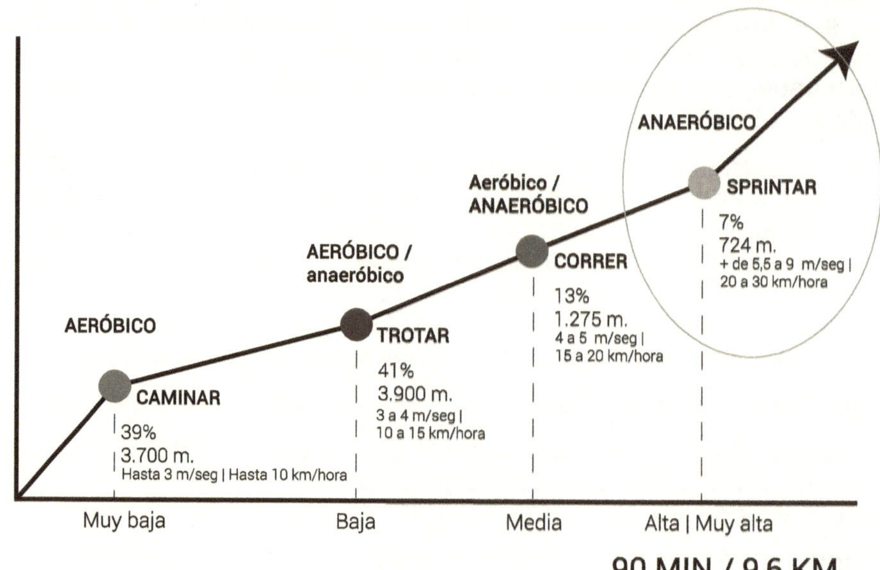


Como ya comenté anteriormente, durante mucho tiempo concentraba la totalidad del entrenamiento de velocidad en un solo día a la semana (tres jornadas después de haber jugado y cuatro antes de jugar); desde el año 2006 a la actualidad fui dividiendo el esfuerzo hasta realizarlo en cuatro sesiones (en una semana larga, hasta en cinco o más) y así encontré un mayor rédito.

Cabe realizarnos una pregunta: ¿Cuántos metros debe correr un jugador de fútbol a muy alta intensidad durante una semana de competencia?

Es allí es donde cada preparador físico analiza y decide. Más no suele ser siempre mejor...

Debemos recordar que a este volumen habrá que agregarle la carga que el entrenador le propone al futbolista cuando entrena de manera situacional, lo que también significa una exigencia de alta intensidad. Las cargas del entrenador son medibles a través del

GPS, caso contrario habrá que cuantificarlas en base a una duración determinada. El ojo del entrenador siempre estará vigente con o sin GPS, él determinará si el trabajo continúa o se detiene.

Si las cargas del entrenador son bien dosificadas, al sumársele las cargas del preparador físico se podrá arribar a un buen resultado. Sin una cuantificación adecuada, podrán aparecer los problemas...

Por último, algunas consideraciones resumidas sobre el tema, en el siguiente cuadro:

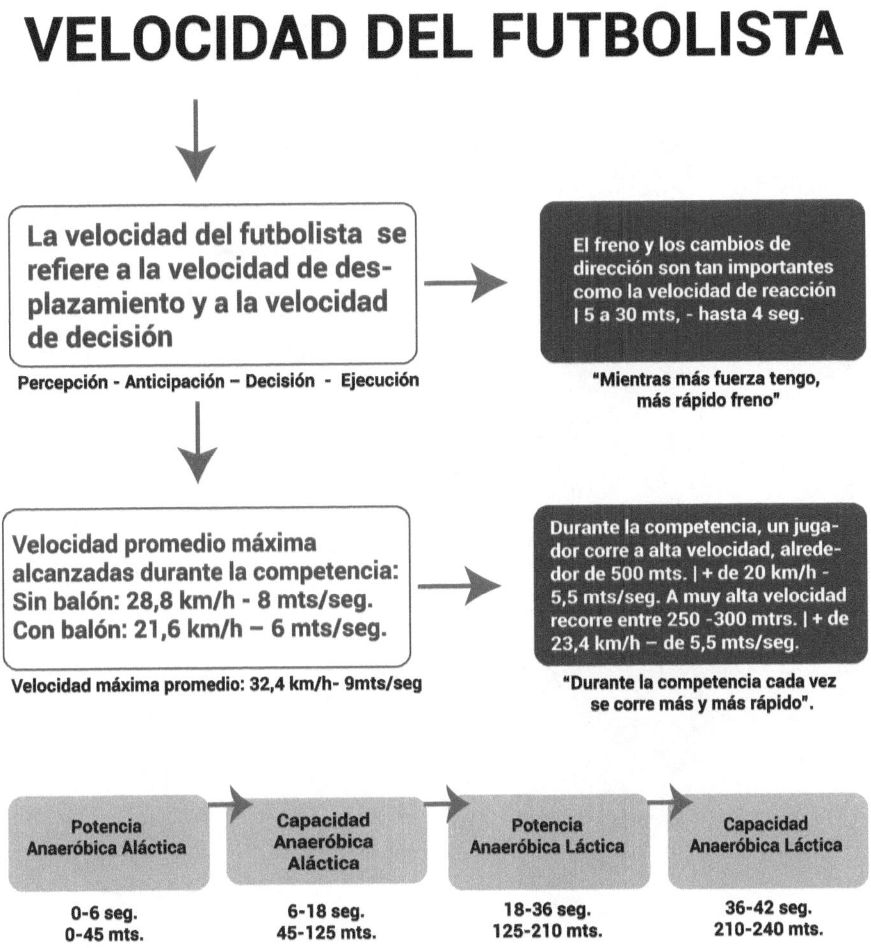

# VELOCIDAD DEL FUTBOLISTA

La velocidad del futbolista se refiere a la velocidad de desplazamiento y a la velocidad de decisión

Percepción - Anticipación – Decisión - Ejecución

El freno y los cambios de dirección son tan importantes como la velocidad de reacción | 5 a 30 mts, - hasta 4 seg.

"Mientras más fuerza tengo, más rápido freno"

Velocidad promedio máxima alcanzadas durante la competencia:
Sin balón: 28,8 km/h - 8 mts/seg.
Con balón: 21,6 km/h – 6 mts/seg.

Velocidad máxima promedio: 32,4 km/h- 9mts/seg

Durante la competencia, un jugador corre a alta velocidad, alrededor de 500 mts. | + de 20 km/h - 5,5 mts/seg. A muy alta velocidad recorre entre 250 -300 mtrs. | + de 23,4 km/h – de 5,5 mts/seg.

"Durante la competencia cada vez se corre más y más rápido".

| Potencia Anaeróbica Aláctica | Capacidad Anaeróbica Aláctica | Potencia Anaeróbica Láctica | Capacidad Anaeróbica Láctica |
|---|---|---|---|
| 0-6 seg.<br>0-45 mts. | 6-18 seg.<br>45-125 mts. | 18-36 seg.<br>125-210 mts. | 36-42 seg.<br>210-240 mts. |

# VIDEO | CONTRASTE NEUROMUSCULAR

*"En el fútbol como en la vida, todo puede suceder en un segundo, tanto lo mejor como lo peor".*

# CAPÍTULO 6

## ENTRADA EN CALOR CON SOBRECARGA

La historia comenzó oficialmente en marzo del año 2006.

Con el tiempo y analizándolo a la distancia, fui dándome cuenta de que muchas de las cosas que puse en práctica en ese momento, ya las venía haciendo desde por lo menos seis años antes, de manera inconsciente.

En marzo de 2006 me encontraba trabajando como PF del Club Atlético Nueva Chicago en la segunda división del futbol argentino. Ya habíamos jugado nueve fechas de ese Torneo Clausura 2006. Hasta ahí, habíamos ganado tres partidos, empatado otros tres y perdido los tres restantes. Pero lo curioso fue que habíamos perdido los tres primeros compromisos y el equipo estaba anteúltimo en la tabla de los descensos. Al borde del precipicio...

El partido de la décima fecha se jugó el sábado 18 de marzo y terminó con un empate sin goles ante Tigre, como visitantes, en Victoria. El siguiente compromiso, contra San Martín de San Juan, por la undécima fecha, se iba a disputar el lunes 27, nueve días después, lo que comúnmente llamamos una semana larga de entrenamiento. Esas son semanas poco frecuentes, en las que trato de aprovechar para evaluar, o para dar días de descanso en el medio y así cortar un poco la semana.

En ese momento, no tenía mucha necesidad de evaluar y tampoco me sentía muy convencido de darle días libres porque el equipo no tenía nada para regalar, sino todo lo contrario.

Se nos ocurrió junto al entrenador Rodolfo Motta que esa semana hiciéramos dos prácticas de fútbol, cuando normalmente hacíamos una. Llegando a la conclusión de que sería mucho más productivo.

Hasta ahí, el equipo no tenía una identidad definida, era un plantel con subas y bajas, ¡pero grandes jugadores y excelentes personas!

La última práctica de fútbol formal la hacíamos tres días antes del partido (-3), y esa semana decidimos agregar un segundo entrenamiento de fútbol a 5 días (-5) del encuentro con San Martín de San Juan. Al jugar un lunes, la última práctica de futbol la íbamos a hacer el viernes 24, y la primer práctica de fútbol iba a ser el miércoles 22. Y ahí fue donde se me ocurrió ocurrió hacer algo distinto.

Normalmente, la velocidad (contraste neuromuscular) se trabajaba una sola vez por semana, generalmente el segundo día de entrenamiento (-4); en esta semana habría sido el martes 21. Ahí introducía todo el volumen de trabajo de velocidad: fuerza del tren inferior, saltabilidad, coordinación, velocidad, técnica y futbol aplicativo en espacios reducidos. Consistía en un entrenamiento de una hora y media de duración aproximadamente.

El cambio que me propuse hacer esa semana fue el siguiente:

- Lunes: regenerativo.

- Martes: solo la mitad del contraste neuromuscular (8 series), más fútbol en espacio reducido.

- Miércoles: una cuarta parte del contraste neuromuscular (4 series) más futbol formal.

- Jueves: regenerativo.

- Viernes: igual que el martes, una cuarta parte del contraste neuromuscular (4 series) más fútbol formal.

- Sábado: táctico.

- Domingo: activación y táctico.

El lunes: entrada en calor, incluyendo 4 series de contraste en el calentamiento precompetitivo (indoor, no me animé a sacar las pesas a la cancha...) y a jugar...

¿Resultado? Un 0 a 0 sin pena ni gloria... Así comenzó.

¿Por qué lo decidí? En ese momento, no lo supe responder. En la reflexión que vino después con el tiempo, entendí que ya existía alguna base instalada en mi metodología, porque cuando esporádicamente llevaba adelante ese tipo de trabajo, el jugador me transmitía desde lo visual y desde lo verbal, una dinámica distinta que seguramente fue quedando grabada en mi inconsciente.

¿Por qué me decidí? Porque en los entrenamientos donde utilizábamos este tipo de activación se veía una dinámica distinta junto a una mayor velocidad y precisión con la pelota, gran soltura y sobre todo una buena intensidad en el juego. En algún momento lo inconsciente se volvió consciente y así surgió.

Cabe destacar algo muy importante: aquel plantel fue cómplice de esa decisión ya que avalaron la disposición de incluir la sobrecarga en los calentamientos del día de partido. Sin esa aprobación, hubiera sido imposible. Hasta ese momento incluir ejercicios con sobrecarga en una entrada en calor no era ni siquiera visto en fútbol, con todo lo que ello significa...

Lo que me disponía a hacer no iba a ser fácil, porque el ambiente del fútbol no estaba acostumbrado a ver a sus jugadores levantar una pesa o saltar cajones antes de un partido...

Todavía recuerdo aquel entrenamiento en el que, al terminar, miré a la cara a los jugadores y les dije: "No hace falta que les pregunte nada, ¿No?". Me miraron y con solamente la mirada me dijeron: "Metele nomás, profe...". Sin dudas estaban todos convencidos de lo que teníamos que hacer, los protagonistas creían y las pesas salían a la cancha...

Recomiendo siempre hacer este tipo de activación el día del partido bajo la situación más parecida posible a como se realiza durante los entrenamientos.

El siguiente partido fue en Comodoro Rivadavia, contra la Comisión de Actividades Infantiles (CAI). "Llevame todo —le pedí al utilero— cajones, barras, discos, meté todo en el avión". Faltaban ocho fechas para el final del torneo, y necesitábamos tres puntos más para escaparle al descenso.

Allá en Comodoro Rivadavia me animé: la entrada en calor la realicé al costado del campo de juego como normalmente entrenaba en la semana.

Arrancamos perdiendo ese partido con la CAI, pero lo ganamos 2-1, con goles de Simón y Carranza. De visitante, en ambos períodos con viento en contra, y así y todo los derrotamos. Se festejó mucho, lo disfrutamos en el viaje de regreso porque los jugadores sabían que el descenso había quedado atrás.

Sinceramente, hasta ese momento no tenía muy en claro qué era lo que estaba pasando. Veía que este tipo de activación los mejoraba, pero aún no entendía muy bien por qué. Quedó claro que la entrada en calor con sobrecarga, por segunda vez utilizada, generaba efecto. Quedaban siete partidos. "Si nos relajamos en este momento —les dije a los futbolistas—, probablemente perdamos la inmensa oportunidad de salir campeones y pelear por el ascenso".

Me miraron intrigados: "¿Cómo habla de salir campeones, profe, si recién acabamos de salvarnos del descenso?". Pero había hecho la

cuenta: si de los siete partidos que nos faltaban ganábamos seis y empatábamos uno, teníamos muchas chances de ser campeones. En ese momento Belgrano de Córdoba lideraba el torneo. Hasta ahí los futbolistas eran un poco escépticos. La duda quedó picando. La entrada de calor con sobrecarga se volvió de rigor. Si no nos dejaban entrar las barras, las metíamos igual; si se complicaba llevarlas en el avión las llevábamos con nosotros. Todos los materiales en todos los partidos, a cada estadio llevamos discos, barras, pesas, cajones.

Después de ganar tres partidos seguidos y luego del cuarto que fue empate contra Chacarita en la 15ª fecha, los chicos entraron al vestuario lamentándose: "¡No podemos perder un partido más! ¡Si queremos salir campeones tenemos que ganar los tres que nos quedan!". Se habían convencido. Eran conscientes de que se podía.

La historia cuenta que los últimos tres partidos también se ganaron y ese grupo de jugadores quedó en la historia de un gran club, pero principalmente en mi memoria y en mi corazón.

Esta es la campaña que hicimos en esos ocho partidos, en apenas 44 días:

| Fecha | Resultado | Rival | Goles |
| --- | --- | --- | --- |
| Abril 1 | 2-1 (V) | CAI | Simón, Carranza |
| Abril 8 | 2-0 (L) | Juventud Antoniana de Salta | Sánchez, Higuaín (de penal) |
| Abril 11 | 4-1 (L) | San Martín de Mendoza | Higuaín (2, 1p), Testa, Astudillo |
| Abril 15 | 1-1 (V) | Chacharita | Wernly |
| Abril 22 | 1-0 (L) | Aldosivi de Mar del Plata | Simón |
| Abril 29 | 2-1 (V) | Huracán | Simón (2) |
| Mayo 8 | 2-1 (L) | Atlético Rafaela | Higuaín, Sigali |
| Mayo 13 | 1-0 (V) | Talleres de Córdoba | Oyola (e/c) |

Con el título de campeón en el Clausura 2006 de la Primera B Nacional ganamos la chance de jugar por el ascenso, contra Godoy Cruz, que había logrado el torneo Apertura 2005.

Empatamos el primer partido, perdimos el segundo. Tuvimos una chance más, con Belgrano. Ganamos 3-1 en Mataderos, en Córdoba perdimos 3-1 en el tiempo reglamentario, y en el suplementario lo empatamos 3-3. Ascendimos. En esa campaña final, el equipo ya hacía la entrada de calor con sobrecarga a la vista de todo el mundo, y muchos referentes del fútbol empezaron a preguntarse de qué se trataba. Por ejemplo, Marcelo Bielsa, a través de su preparador físico Luis Bonini, quiso averiguar qué era lo que hacíamos. Veían que Chicago entraba en calor con pesas, cajones, saltando, picando...

Terminamos logrando un resultado que al principio parecía inalcanzable. Esto generó una mística en el ambiente del fútbol: las pesas, el éxito, el rendimiento. Ese Chicago campeón del Clausura 2006 se mantuvo 18 partidos invicto. En más de la mitad hizo entrada en calor con sobrecarga.

Al año siguiente, el Grupo Ekipo, a través del Profesor Carlos Cóppola, nos propuso evaluar al equipo para saber si había alguna evidencia científica que avalara los rendimientos de este tipo de acción. Separó al plantel en dos: a una mitad la evaluó con la entrada en calor clásica, y a la otra con la sobrecarga. Los resultados eran realmente inobjetables: mejoraba la saltabilidad, concéntrica y elástica; la velocidad sin pelota y con pelota, pero fundamentalmente había una gran mejora en el componente motivacional.

En ese tipo de activación, la mayor presencia de testosterona hace que el jugador se predisponga a una mayor acción muscular.

Ya pasó bastante tiempo desde aquel 2006, sin embargo, aquella experiencia cambió el paradigma de las entradas en calor. Hoy, un gran porcentaje de los calentamientos precompetitivos incluyen acciones de fuerza, de salto, de coordinación, que no se veían antes.

Desde lo personal es un orgullo haber dado ese primer paso, que no hizo ni más ni menos que despertar ideas —como dijimos en el arranque del libro— y generar alternativas: algunos preparadores físicos usan una banda elástica otros una barra, o quizás una bufanda con arena, pero el objetivo final es el mismo.

Hoy está comprobado que aquella intuición de entonces podía generar un efecto, y a través de la observación y del diálogo con los jugadores sentía que era así, pero gracias al trabajo de investigación dirigido por el profesor Cóppola, se pudo confirmar desde lo científico que cada vez que el jugador combina ese tipo de acciones logrará un beneficio, no solamente físico y técnico, sino también mental, tan necesario a la hora de competir.

Un dato interesante: el Grupo Ekipo formuló en paralelo a la evaluación, una encuesta anónima. Consultaron a los 28 jugadores evaluados si ellos creían que la entrada en calor con sobrecarga les producía alguna mejora. 24 jugadores dijeron que sí, dos respondieron que no podían asegurarlo y solo dos señalaron que no creían.

Ese fue el mejor elogio que recibí: los jugadores no solo sentían estar convencidos, sino que también lo confirmaban.

Lo señalo porque la aclaración es válida: no siempre me fue sencillo incluirla en la rutina de otros equipos que preparé. No todos los futbolistas están mentalizados para convencerse de que es útil llevar una pesa, saltar o subir un cajón. Muchos temen cansarse en la entrada en calor y no conservar energía suficiente para jugar el partido. Nunca obligué a un solo jugador a hacerla. La aceptación lleva su proceso. Por lo general, lo pongo en práctica en la semana, para que lo vayan experimentando, como parte del entrenamiento.

Cuando no están convencidos, trato de facilitarles la utilización: reduzco el peso, las alturas, las repeticiones, como para que la idea los seduzca al fin. Si como conclusión del proceso el jugador se siente bien —que es la idea original—, entonces empieza a creer en el método.

Recomiendo siempre tomarse el trabajo de explicar el fundamento, invitarlos a experimentarlo en la semana, subrayar que, si están de acuerdo podrán utilizarlo el día del partido.

# METODOLOGÍA DEL CALENTAMIENTO CON SOBRECARGA:

La realización se hará con una combinación de ejercicios en tres bloques. El primero tiene que ver con la movilidad articular y desplazamiento (bloque de preparación), otro está relacionado con el contraste neuromuscular (bloque de activación), y el tercero tiene que ver con la utilización de la pelota, en el cual los jugadores afianzan los aspectos técnicos, táctico, trabajos de remate al arco (bloque de aplicación técnico/táctica). Todo desarrollado en un tiempo aproximado de 35/40 minutos.

# CONTENIDOS

## Desplazamientos generales

**Flexibilidad + carreras con movilidad grall + flexibilidad.**

Parte 1

## CN – Activación

**Fuerza tren inferior + saltabilidad + coordinación + velocidad + zona media**

Parte 2

## Técnica específica

**Ejercicios técnicos analíticos y situacionales + flexibilidad**

Parte 3

Calentamiento con sobrecarga

Lo que se busca con el contraste neuromuscular es alcanzar fuerza máxima en el menor tiempo posible. Por eso se promueven acciones rápidas, con un peso no demasiado excesivo que permita moverlo a gran velocidad.

# ¿Qué se busca con el CN?
## Calentamiento con sobrecarga

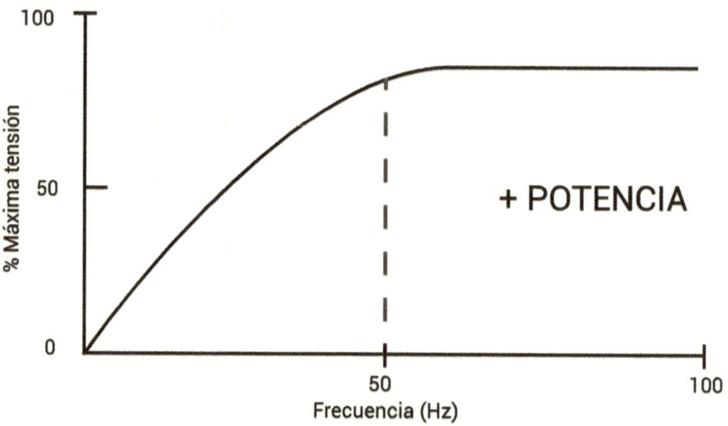


Fig. 2.14. Relación entre frecuencia de impulso nervioso (en Hz)  tensión (en % de fuerza máxima) desarrollada por las fibras musculares inervadas por un nervio motor. (A partir de Sale, 1992).

Teniendo en cuenta que pasando los 50 Hz la fuerza no aumenta, o sea, hemos llegado a la fuerza máxima capaz de desarrollar por dicha unidad motora, ¿Cuál es el objetivo de estimular a una frecuencia más elevada? EL INTERÉS DE ESTIMULARLA, POR EJEMPLO A 100 Hz tiene como objetivo que aunque no se produce un nivel de fuerza mayor, LA FUERZA MÁXIMA SEA ALCANZADA EN MENOR TIEMPO. Por consiguiente, la capacidad de un nervio motor para enviar impulsos nerviosos de alta frecuencia se acompaña de una PRODUCCIÓN DE FUERZA MÁXIMA EN

Cuanto más la realizan, mejor la ejecutan.

La idea rectora es combinar la fuerza con la velocidad para alcanzar la fuerza máxima en el menor tiempo posible. Trasladado a lo fisiológico, eso estimula una gran cantidad de segregación de testosterona, que a la hora de competir es un aliado fundamental, porque supone mayor velocidad, energía y combatividad.

# EJERCICIOS

## Calentamiento con sobrecarga

| Secuencia de acción | | | | | |
| --- | --- | --- | --- | --- | --- |
| BLOQUE | FUERZA TREN INF. | SALTABILIDAD | COORDINACIÓN | VELOCIDAD | PAUSA |
| #1 | Isométrico | Frontales a pies juntos | 5 seg. Escalera, step o aro | 25 m. Lineales | Zona media + Ténica |
| #2 | Estocada en Step | Rasantes a pies juntos | | | |
| #3 | 1/2 Sentadilla | Frontales a 1 pie | | | |
| #4 | 2° Tiempo con tijera | Tijera sobre step | | | |

Esta es la secuencia que se lleva a cabo, los cuatro bloques de ejercicios se utilizan normalmente para la entrada en calor con sobrecarga.

Los ejercicios de fuerza y de saltabilidad van variando (aumenta la complejidad de la ejecución), mientras que los de coordinación y velocidad se mantienen.

Con el trabajo de piernas se busca reclutar unidades motoras, el músculo; con el salto, poner en funcionamiento la fuerza elástica; con la coordinación, sincronizar todas las unidades motoras. Resultado final: más velocidad.

**En ese momento, el jugador se siente totalmente predispuesto para hacer lo que más se necesita en el partido: correr rápido, llegar antes a la pelota, llegar antes que el rival y que al rival le cueste alcanzarlo.**

# CONCLUSIONES
## Calentamiento con sobrecarga

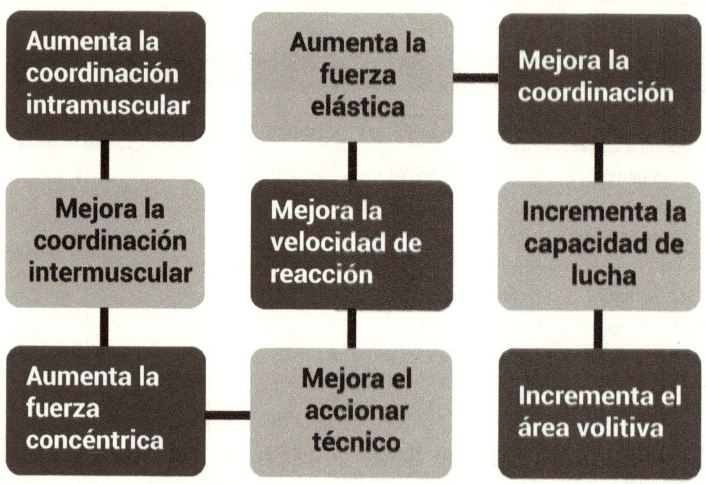


Estas son las conclusiones a las que arribó el informe del Grupo Equipo de Rosario. El estudio completo puede encontrarse en Internet: (https://grupoekipo.com/blog/2007/11/19/entrada-en-calor-precompetitiva-con-sobrecarga/).

## VIDEO | ENTRADA EN CALOR CON SOBRECARGA

*"Lo importante no es solo lo que sabemos, lo importante es lo que llega".*

# CAPÍTULO 7

## LA RECUPERACIÓN DEL FUTBOLISTA

Cuando hablamos de recuperación, nos referimos a dos tipos de recuperación:

Una, la *recuperacion inmediata* y de seguro, muy importante, es la que se produce entre un esfuerzo y otro durante el partido.

Otra recuperación no menos importante será una no tan inmediata, y es la que se da entre un partido y otro. Generalmente este periodo suele ser de siete días, lo que llamamos "Semana Tipo". A esta última necesidad de recuperación se la suele subestimar algunas veces, restándole la importancia que realmente debe tener.

# RECUPERACIÓN

**"Periodo que transcurre entre un esfuerzo y otro durante la competencia o entre el final de un partido y el comienzo del otro ".**

En las dos variantes, el gran objetivo estará puesto en que el jugador se recupere lo antes posible. Eso le permitirá sacar ventaja respecto al rival.

Existen distintos tipos de terapias a fin de lograr ese objetivo, ya veremos de qué se trata.

Siempre trato de inculcarles a mis jugadores que, una vez finalizado el partido, ya comenzó la preparación del siguiente. A partir de ahí y de acuerdo con cómo se alimenten y cómo descansen, podremos generar una recuperación mucho mayor y más rápida.

# RECUPERACIÓN

## ¿Para qué?

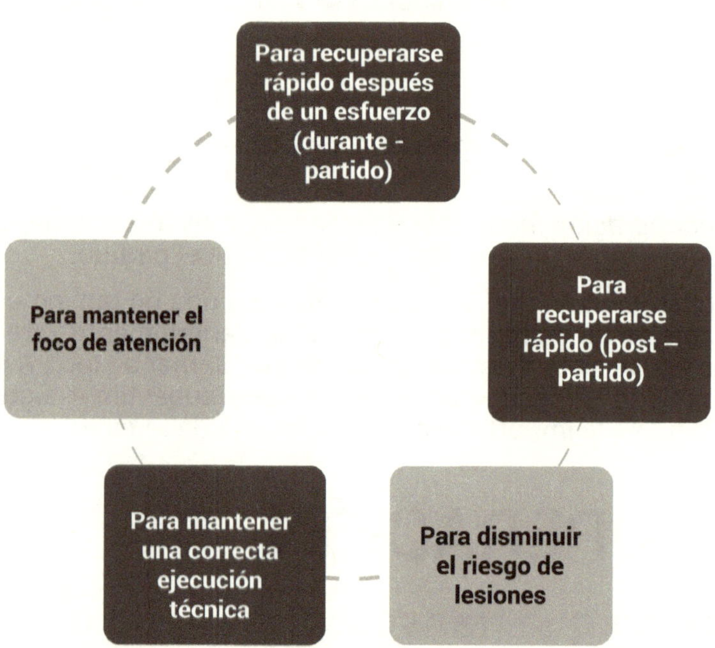


No será suficiente cuidarse solo tres días antes del siguiente partido...

Respecto a cómo entrenar la recuperación inmediata (recuperación durante la competencia), utilizo lo que llamo "trabajos intervalados de recuperación", los cuales consisten en realizar carreras a una intensidad media-alta del 60% al 80%, combinadas con una pausa determinada, con cuya combinación trabajo-pausa, buscaremos estimular el sistema cardiorrespiratorio, y con esto lograr mejorar el consumo de oxígeno del futbolista a fin de que pueda adquirir una recuperación beneficiosa.

# Intervalados de recuperación

## Manifestaciones funcionales

- Mejora el rendimiento del sistema energético aeróbico.
- Mejora el accionar enzimático oxidativo.
- Mejora la eliminación y reutilización del lactato.
- Mejora el VO2 máximo.
- Aumenta la hipertrofia cardíaca.
- Disminuye la frecuencia cardíaca (bradicardia).
- Aumenta el volumen sistólico.

**Efecto principal durante la pausa**

En este tipo de entrenamiento, el objetivo estará puesto predominantemente más en la pausa que en la intensidad y duración del esfuerzo. Dichas pausas tendrán un tiempo estandarizado de duración de 15 segundos, debido a que son tiempos similares a los que normalmente se dan durante la competencia.

# ¿Cómo?

## ¿Entrenar la Recuperación?

**DURANTE LA COMPETENCIA**

Entrenamiento aeróbico / anaeróbico
- Intensidades: 60% - 80%.
- Duraciones: 60 seg / 20 seg. (240m. – 110m.)
- Micropausa: 15 seg. (pasivas).
- Macropausa: 1:30 min. (pasiva).
- Volumen: 6 km. / 2 km

**CARRERAS INTERVALADAS**

Es fundamental entender que en este tipo de trabajo intervalado el objetivo estará enfocado en la pausa y no en la intensidad o duración del esfuerzo.

Ello sucede debido a que el aparato cardiorrespiratorio logrará alcanzar un rendimiento natural, lo que provoca una mayor eficiencia a la hora de "pagar" la deuda adquirida por el esfuerzo.

Para graficar un poco más este fenómeno, podemos decir que el aumento y descenso de pulsaciones generados a lo largo de las carreras-pausas, irán construyendo un corazón más fuerte y, fundamentalmente, más grande, con mayor capacidad de bombeo y junto con ello una mejor oxigenación hacia aquellos músculos necesitados. Este fenómeno orgánico y muscular tendrá como fin provocar una recuperación del futbolista cada vez más corta y eficiente.

Si logramos combinar de manera correcta la duración del esfuerzo y su intensidad a fin de que 15 segundos sean los suficientes para la pausa, podremos observar que no solo iremos en la búsqueda correcta de acelerar los tiempos de recuperación del deportista, sino también estaremos entrenando una adaptación mental con un tiempo similar al que nos vamos a encontrar durante la competencia.

En definitiva, lo que vamos a buscar es lograr una mejor recuperación física y mental al mismo tiempo.

Los efectos buscados serán, por consiguiente: poder mantener la velocidad más tiempo, disminuir la fatiga, pensar mejor, mantenerse concentrado, tomar decisiones más acertadas, mantener gestos técnicos correctos, tener menos riesgo de lesiones; todas consecuencias derivadas de una buena recuperación.

¿De dónde salen los porcentajes de la intensidad de los trabajos? ¿Cómo cuantificarlos en velocidad? Darle instrucciones al jugador en términos de porcentajes puede confundir a algunos. La mejor manera de cuantificarlo es de una manera individual, criteriosamente, con un test de 1000 metros, para detectar la velocidad de entrenamiento para cada una de estas áreas: potencia aeróbica alta, media, baja y mixta. Estas potencias pueden aplicarse de acuerdo con el momento del año en que se trabaje. Algunas son más adecuadas para la pretemporada, otras para una etapa de competencia; algunas son más adecuadas para una semana tipo, otras para una semana corta o larga.

De acuerdo a cada necesidad, se trabajará al 60% (potencia aeróbica baja), al 70% (potencia aeróbica media), al 80% (potencia aeróbica alta), incluso al 75% (potencia aeróbica mixta) de la máxima velocidad.

La mejor manera de cuantificar esos porcentajes es transformarlos en velocidad, medida en metros por segundo (m/seg), o kilómetros por hora (km/hora), y de esa manera obtener una distancia a recorrer en un tiempo determinado.

Velocidad: Espacio / Tiempo

Espacio: Velocidad x Tiempo

No es lo mismo un jugador que corre un test de 1000 metros en 3 minutos, que otro que los recorre en 3:20 minutos.

Ej: Velocidad: Espacio / Tiempo

1000 metros / 180 segundos (3 minutos): 5,55 metros /segundos

1000 metros / 200 segundos (3:20 minutos): 5,00 metros /segundos.

Por ello es muy importante no generalizar y que cada futbolista logre entrenar de acuerdo a sus posibilidades y evaluaciones obtenidas.

Esto no significa que hagamos un plan para cada jugador. La propuesta puede ser agruparlos por afinidad de rendimientos hasta en tres grupos, y así el trabajo logrará impactar de una manera más adecuada en cada uno.

# Áreas energéticas

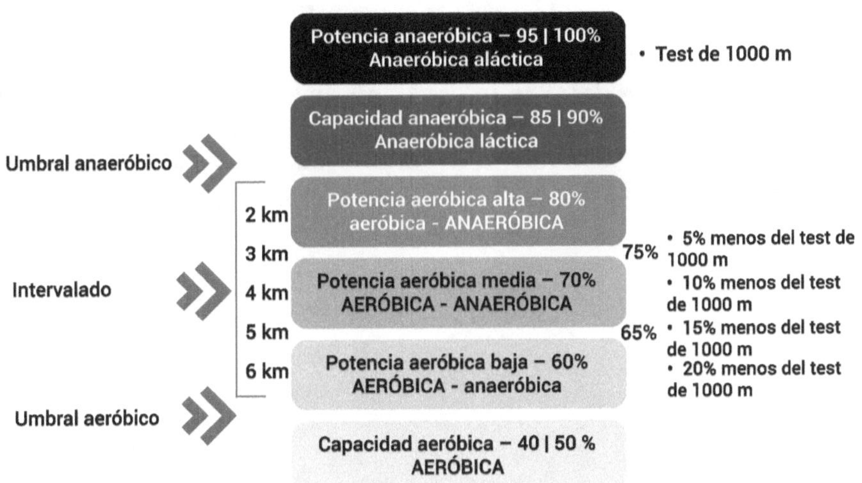

# Áreas de entrenamiento
## Clasificación y características

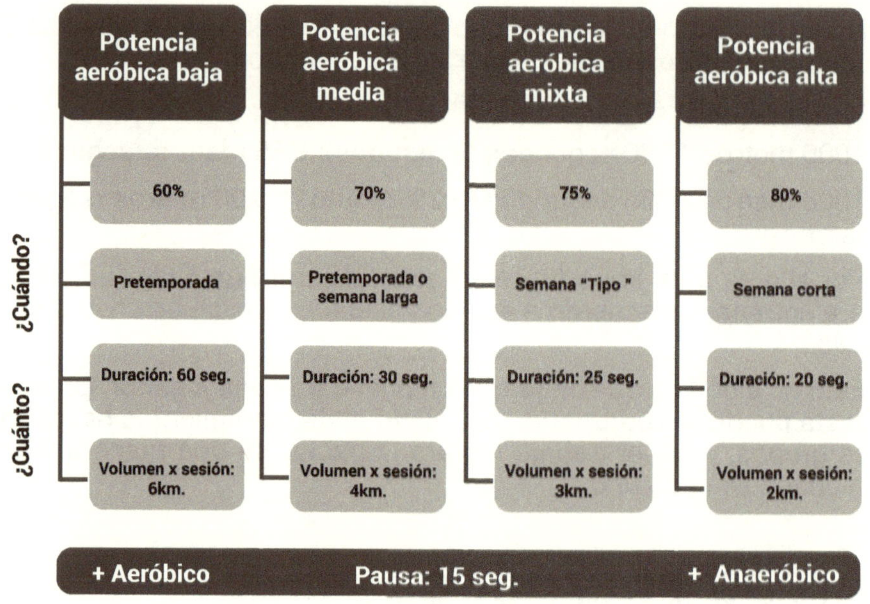


El cuadro anterior especifica el grado de intensidad necesario para cada potencia, en qué momento es conveniente aplicarlo, cuánto dura cada uno y qué volumen se necesita. Eso se aplica de acuerdo con qué tan extensa sea la semana de trabajo.

A continuación se detallan la cantidad de kilómetros a recorrer, el momento apropiado para hacerlo, el grado de intensidad y la duración de cada entrenamiento intervalado. La única constante serán los 15 segundos de pausa.

# DOSIFICACIÓN | IR

## ¿Cuándo? ¿Cuánto?

**CRONOGRAMA SEMANAL COMPETITIVO | PRETEMPORADA**

| TIPO | COMP. | +1 | +2 | -4 | -3 | -2 | -1 | COMP. |
|---|---|---|---|---|---|---|---|---|
| | PARTIDO | DESCANSO | 2 K. | 1 K. | | | | PARTIDO |
| | 3 Km. / 75% / 25" x 15" | | | | | | | |

| LARGA | COMP. | +1 | +2 | -5 | -4 | -3 | -2 | -1 | COMP. |
|---|---|---|---|---|---|---|---|---|---|
| | PARTIDO | DESCANSO | 2 K. | 1 K. | 1 K. | | | | PARTIDO |
| | 4 Km. / 70% / 30" x 15" | | | | | | | | |

| CORTA | COMP. | +1 | +2 | -3 | -2 | -1 | COMP. |
|---|---|---|---|---|---|---|---|
| | PARTIDO | DESCANSO | 2 K. | | | | PARTIDO |
| | 2 Km. / 80% / 20" x 15" | | | | | | |

| PRETEMP. | Lunes | Martes | Miércoles | Jueves | Viernes | Sábado | Domingo |
|---|---|---|---|---|---|---|---|
| | X | X | X | X | X | DESCANSO | DESCANSO |
| | 30 Km. / 50Km. - 60% / 80% - 60" / 20" x 15" de pausa | | | | | | |

En una semana competitiva estos son los días de competencia en los que hay que acentuar este tipo de recuperación. Existen tres momentos claves a observar:

El día siguiente al partido (+1); El segundo día posterior al partido (+2), y 48 horas antes del partido (-2), momento en el que hay que comenzar con el proceso de recuperación previo a la competencia.

# FUNDAMENTOS FISIOLÓGICOS DEL
# - ENTRENAMIENTO INTERVALADO -

**La resistencia aeróbica depende de: economía gestual | % de Vo2 máx. sostenible un tiempo prolongado (Potencia aeróbica máxima).**

**El trabajo interválico propone diferentes protocolos:**
**RST: entrenamiento de repeticiones rápidas – 3/7 seg.**
**SIT: entrenamiento intervalado de velocidad – 30seg.**
**(mt - HIT) Entrenamiento – intervalado aeróbico de alta intensidad -1 a 5 min.**

**La suma total del trabajo intervalado debería ser mayor que el tiempo que el jugador pueda recorrer en forma continua a esa misma intensidad hasta el agotamiento.**

**El objetivo del trabajo intervalado es situar al deportista el mayor tiempo posible en su zona de voz máx.**

**La mayoría de los autores recomiendan acumular 10 min en la duración total de los intervalos de trabajo.**

**Entrenamiento continuo** → **Duración intensidad**

**Entrenamiento intervalado** → **Duración intensidad** → **Pausa | tipo de pausa | repeticiones** → **Series | macropausa**

# VIDEO | INTERVALADOS DE RECUPERACIÓN

Con respecto a la recuperación postpartido, habrá que hacer hincapié en un principio fundamental del entrenamiento: "No será suficiente entrenar bien; también habrá que comer bien y descansar bien...".

La idea es acomodar las cargas diarias de manera tal que al momento del próximo partido podamos llegar en óptimas condiciones, adecuando fundamentalmente el esfuerzo y la cantidad de exigencia en cada uno de los entrenamientos. A veces nos toca jugar cada tres días. ¡Esos son tiempos en los que este tipo de la recuperación es prioritaria! En esos momentos no será suficiente comer bien y descansar bien. Tendremos que ayudar con algo más para que este proceso se acorte lo más posible y podamos llegar en esas 72 horas a un nivel óptimo.

Debido a esta inmediata necesidad es que buscamos implementar estrategias terapéuticas como: el masaje, las carreras regenerativasy la crioterapia, además la suplementarían el stretching y más. Lo anterior, nos servirá como acelerador de este proceso de recuperación.

# ¿Cómo entrenar la RECUPERACIÓN?

## POST COMPETENCIA

| Post partido | FNP | Frío / calor | Primera marca |
|---|---|---|---|
| » 10 x 20 seg. (75%) x 15 sg. De pausa +1 seg. Adicional en cada recuperación. (Post partido)<br>» 12 minutos:<br>4 min. (Suaves) +<br>4 min. (Fuertes) +<br>4 min. (Suaves).<br>(24 Hs) | » Tensión isométrica agonista y antagonista.<br>» 10 seg. c/u.<br>» 4 veces. | » 4 bloques.<br>1min. Frio x<br>1min. Calor<br>» 4 veces. | » Aminoácidos.<br>» Creatina.<br>» Carbohidratos de rápida asimilación. |
| **Carreras regenerativas** | **Flexibilidad** | **Crioterapia** | **Suplementación** |

## POST COMPETENCIA

| Ingesta | Relax | Siesta/nocturno | Sobrecarga |
|---|---|---|---|
| » Bebidas Isotónicas (Glucosa: 10% + Sodio: 0.6%).<br>» Dieta adecuada (Hidratos de carbono +Proteínas). | » Masaje relax (Mejora del retorno venoso). | » Cantidad + Calidad de sueño reparador. | » Tren superior.<br>» 3-4 serie.<br>» 8-12 repeticiones<br>» 1-2 ejercicios x grupo muscular.<br>» 48hs después de haber competido.<br>» 48 hs antes de competir. |
| **Hidratación nutricional** | **Masaje** | **Descanso** | **Musculación tren superior** |

En el caso de la crioterapia (combinación de agua helada con calor para facilitar la recuperación muscular) los tiempos serán: un minuto dentro del agua helada, por un minuto afuera; repitiendo cuatro veces el ciclo. Es importante aclarar que si la temperatura ambiente es cálida, la salida del frío será al aire libre; y si la temperatura ambiente es fría, ese minuto transcurre bajo una ducha caliente.

Esta actividad buscará generar vasoconstricción y vasodilatación, provocando un importante aumento del torrente sanguíneo lo cual hará que se "limpien" más rápido los desechos generados durante el partido o el entrenamiento.

La suplementarían pastillas o batidos que se consumen de manera adicional a las comidas normales, para ayudar a recuperar todos los nutrientes que se perdieron con el esfuerzo. El suplemento acorta la curva de fatiga y acelera la curva de recuperación, lo que supone un plus. Por supuesto que hablamos de suplementos permitidos, no de anabólicos.

# Fatiga – Recuperación

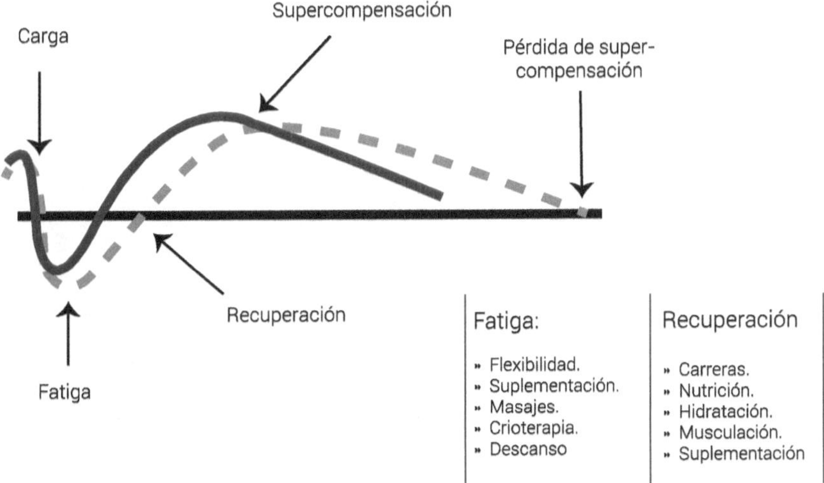


La curva continua es la de un jugador que hizo flexibilidad, se suplementó, se sometió a masajes, realizó crioterapia, descansó bien, completó carreras de recuperación, tuvo en cuenta su nutrición e

hidratación y agregó trabajo de musculación. En definitiva, este jugador generó procesos que aceleraron su recuperación.

# DOSIFICACIÓN | R

## ¿Cuándo? ¿Cuánto?

| CARGA | COMP. | +1 | +2 | -4 | -3 | -2 | -1 | COMP. |
|---|---|---|---|---|---|---|---|---|
| | PARTIDO | DESCANSO | REGENER. | ALTA | MUY ALTA | BAJA | MEDIA | PARTIDO |

CRONOGRAMA SEMANAL COMPETITIVO | SEMANA "TIPO"

*"Los métodos de entrenamiento no son nuevos o viejos, son buenos o malos, sirven o no sirven".*

# CAPÍTULO 8

## LA RESISTENCIA ESPECÍFICA DEL FUTBOLISTA

¿Cómo definimos la resistencia específica? Acciones de alta intensidad como las que demanda el juego, en cortas duraciones, con pausas incompletas pudiéndose realizar preferentemente con balón.

## RESISTENCIA ESPECÍFICA

**"Capacidad psicofísica de resistir a la fatiga generada por esfuerzos prolongados ".**

De todos los objetivos que nos planteamos los preparadores físicos, sin dudas el de la resistencia específica es uno de los más importantes y necesarios. Esto sin duda es por la necesidad de combinar varios objetivos en uno, ellos son: velocidad, recuperación, técnica y juego.

El objetivo principal está centrado en que nuestros jugadores puedan sostener una entrega de alta intensidad durante la totalidad del partido.

# RESISTENCIA ESPECÍFICA

## ¿Para qué?

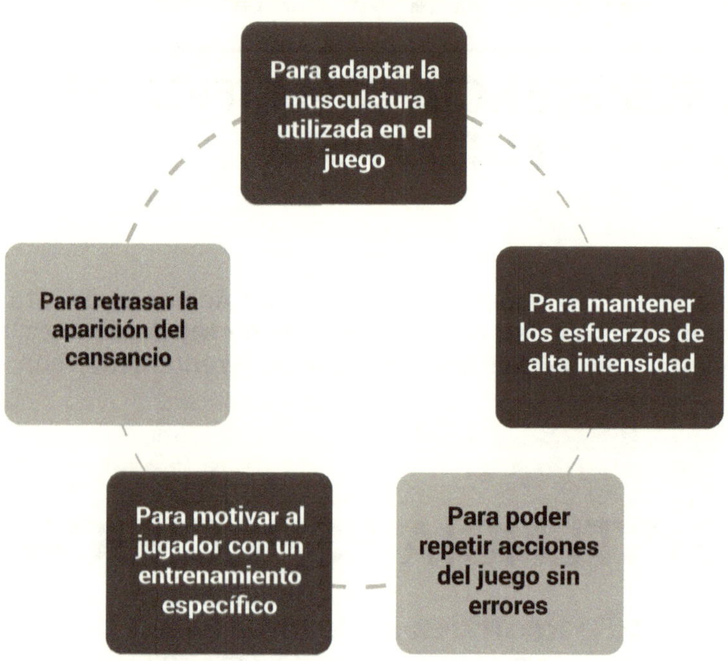


El fútbol actual es un juego muy dinámico y casi constante, en el que las acciones se suceden de manera casi permanente. Por eso y ante la idea de entrenar como se juega, creo importante simular exigencias similares. En la actualidad, los entrenadores de fútbol son quienes mayoritariamente entrenan este tipo de objetivo, ya que con las acciones propuestas a través de los entrenamientos técnico-tácticos están estimulando directamente la resistencia específica.

Lo que deberíamos hacer los preparadores físicos es complementar esa exigencia situacional propuesta por el entrenador cuando observemos que no hayan sido alcanzados los niveles de exigencia que estemos buscando.

Esto en principio será a fin de asegurarnos que todos los jugadores reciban la misma cantidad de exigencia. La paridad en cuanto a la exigencia para todos los jugadores que integran el plantel es un desafío muy importante a la hora de nivelar los esfuerzos. En esta cuantificación y clasificación de esfuerzos aparecerán en primer lugar los jugadores titulares, luego los primeros suplentes, más atrás los suplentes que generalmente no entran a jugar el partido, y por último los más relegados que son quienes no llegan a integrar el banco de suplentes. Como vemos, son distintos los niveles de exigencia en la totalidad del plantel.

Por esta razón es que los preparadores físicos debemos tomar muy en cuenta las cargas propuestas por el entrenador, a fin de complementarlas y que todos los jugadores puedan recibir una exigencia lo más pareja posible (lo que llamamos carga compensatoria).

Sin dudas el entrenamiento más apropiado es el juego, sin embargo, los entrenamientos analíticos con acciones cíclicas e intermitentes suelen lograr alcanzar un nivel de exigencia fácil de programar y alcanzar, consiguiendo impactar rápidamente en el objetivo propuesto.

# RESISTENCIA ESPECÍFICA
## Entrenamiento intermitente:

- **Alta intensidad.**
- **Corta duración.**
- **Recuperación corta e incompleta.**
- **Con balón.**
- **Sin balón.**
- **Analítica.**

**Efecto principal durante el esfuerzo**

Todos sabemos que las características de los jugadores varían en cuanto a la entrega física que pone cada uno a la hora de jugar. El jugador más habilidoso suele ser a la vez más eficiente, no necesita correr tanto; y a la inversa, quienes no poseen tan buenas cualidades técnicas necesitarán, generalmente, correr un poco más para compensar esa diferencia.

Prestemos atención a esas diferencias. La información que recogen los GPS nos posibilitará corregir esos diferentes valores y así podremos equilibrarlos. Aquel que fue más económico en la exigencia durante los juegos podrá recibir una carga compensatoria,

de manera tal que se equilibre en esfuerzo a un valor similar entre todos los integrantes del plantel.

Un esfuerzo desmedido en este tipo de acción supone muchas veces un sobreesfuerzo, lo que conllevará a un aumento de fatiga y a un creciente riesgo de lesiones. Por eso hay que conocer cuándo y cuánto aplicar este tipo de acciones. El jugador siempre recibe con agrado este tipo de entrenamiento en contacto con la pelota. Al ser un esfuerzo muy exigente, cuando aparece la pelota esa exigencia se enmascara de alguna manera y la tarea se sobrelleva de mejor forma.

Por lo tanto, si el entrenamiento de la resistencia especifica lo realizamos en base a las acciones situacionales propuestas por el entrenador, ¡bienvenido!; pero si se hace necesario complementar dicha exigencia, entonces aparecerá este tipo de trabajo en pos de desarrollar una resistencia especifica adecuada, esto comprende: carreras intermitentes, corta duración, alta intensidad, pausas incompletas, pudiéndose incluir o no el balón.

# ¿Cómo entrenar la RESISTENCIA ESPECÍFICA?

## FÍSICO - ANALÍTICO

Entrenamiento anaeróbico aláctico/láctico
- Intensidades: 85% - 90%.
- Duraciones: 5 seg. / 15 seg.
- Pausa: 15 seg.
- Volumen: 300 m. / 1200 m.
- Con balón / sin balón.

## CARRERAS INTERMITENTES

Este tipo de exigencia recibió en los últimos años el nombre de "Entrenamiento intermitente". Hoy es muy utilizado, justamente, porque consigue generar un mejoramiento inmediato en el rendimiento muscular y metabólico del futbolista.

Lo que antes se estilaba era correr de manera continua a intensidades muy bajas e inespecíficas. Con este tipo de entrenamiento intermitente (en los que hay frenos, cambios de dirección, con inclusión de la pelota, con acciones de mayor intensidad y pausas incompletas) lo que conseguimos es entrenar de manera similar a lo que va a demandar el juego.

Al entrenar de esta forma, el jugador siente un efecto parecido al día del partido y sabe que a medida que se va superando en este tipo de entrenamiento, también mejorará proporcionalmente su desempeño en el momento de la competencia.

# Áreas energéticas

**Entrenamiento Intermitente 300m. a 1200m.**

**Umbral anaeróbico**

# Modelos de entrenamiento

## Ejemplos de trabajos

<table>
<tr><td rowspan="8">CAPACIDAD ANAERÓBICA</td></tr>
<tr><td>Juegos aplicativos</td></tr>
<tr><td>Reducidos – formales | baja – media – alta  exigencia</td></tr>
<tr><td>Resistencia específica con balón | analítico</td></tr>
<tr><td>4 x 4 15seg x15 seg. | macropausa 1:30 min. | 4 min. -1,0/1,2 km</td></tr>
<tr><td>Resistencia específica sin balón</td></tr>
<tr><td>5 x 5 x 8 seg./ 48m. x 15 seg. | macropausa 1:30 min. | 3:20 min. – 1.2km.</td></tr>
<tr><td>10 x 30 m. | sin balón – con balón | 300 m.<br>10 x 30 m. (15 m. x 2)  - /90% x 15 seg. | sin macropausa | 300 m.</td></tr>
</table>

Estos son cuatro ejemplos de trabajos de resistencia específica que tratamos de utilizar para distintas situaciones.

Los juegos aplicativos son los principales; reducidos o en espacio formal. La carga podrá ser alta, media o baja en función de las necesidades. Para ello, se ajustarán las duraciones, las pausas, el volumen y la carga cognitiva, dejando implícito que siempre se desarrollarán ¡a alta intensidad!

Como venimos desarrollando, si el entrenamiento que lleva adelante el entrenador no totaliza el volumen que creemos que debería tener, entonces propongo diferentes trabajos compensatorios a fin de complementar el trabajo programado:

Por ejemplo:

4 series x 4 repeticiones x 15 segundos al 90%, realizando gestos técnicos analíticos (*), con macro pausa de 1:30 minutos.

Lo suelo utilizar durante la pretemporada y también con aquellos jugadores que quedan afuera del grupo de concentrados.

(*) *Conducción, Pases y recepciones a la carrera, dribles, cabezazos con carrera, remates, 1 vs 1, etcétera.*

2.  5 x 5 de 8 segundos al 90% (con o sin balón), con 15 segundos de pausa y 30 segundos de macro pausa.

Este trabajo es adecuado para realizar cuando se entrena al día siguiente de un partido, e intervienen aquellos que no jugaron o jugaron menos de los 90 minutos de rigor. El volumen (cinco repeticiones en cinco series) lo adecúo de acuerdo con el tiempo que haya jugado el futbolista en el partido; si no jugó, cumplirá la totalidad del trabajo y así proporcionalmente.

Esta propuesta será adecuada cuando jugamos un día viernes, a fin de poder darle el domingo libre a todo el plantel, pero entrenando el día sábado.

3. 10 x 30 metros al 90% con pausas de 15 segundos.

Generalmente este trabajo complementario lo suelo poner en práctica tras el partido, pero solo con los suplentes que no entraron o jugaron unos pocos minutos.

Es muy apropiado cuando tenemos algún partido entre semana, y no vamos a poder entrenar fuerte al día siguiente del partido. Con o sin pelota: siempre que sea posible, se incluye.

# DOSIFICACIÓN | RE

## ¿Cuándo? ¿Cuánto?

| | CRONOGRAMA SEMANAL COMPETITIVO \| SEMANA "TIPO" | | | | | | | |
|---|---|---|---|---|---|---|---|---|
| **RE** | COMP. | +1 | +2 | -4 | -3 | -2 | -1 | COMP. |
| | PARTIDO | DESCANSO | | | X | | X NO COMPITEN | PARTIDO |
| | Volumen total semanal: 300 a 1.200m. / compensatorio. | | | | | | | |

En este cuadro se muestra la distribución de la exigencia en una semana de competencia. La carga más fuerte está ubicada tres días antes del partido; el día anterior (o a veces el mismo día, por la mañana) la realizan solamente los jugadores que no están concentrados.

# VIDEO | RESISTENCIA ESPECÍFICA

*"(Conocimiento + Habilidad) x Actitud*

*El conocimiento y la habilidad suman la actitud multi-plicada".*

# CAPÍTULO 9

## PREVENCIÓN DE LESIONES EN EL FUTBOLISTA

Tener la menor cantidad de jugadores lesionados en un plantel es uno de los grandes objetivos que debemos considerar los preparadores físicos. Mientras se mejoran las cualidades reseñadas en los capítulos anteriores, también buscamos, al mismo tiempo, que las exigencias del entrenamiento sean acordes a las posibilidades de cada uno.

## PREVENCIÓN DE LESIONES

**"Entrenar, alimentarse y descansar adecuadamente son los primeros pasos para prevenir lesiones en los futbolistas".**

A la hora de evaluar nuestro trabajo, una lesión será siempre un punto negativo. En definitiva, dejaremos al entrenador con un jugador menos con el que contar a la hora de armar el equipo.

Si el deportista se alimenta correctamente, descansa de manera adecuada y se entrena con buen criterio, el riesgo de lesionarse disminuye notablemente.

Es cierto que en el fútbol como en cualquier deporte de contacto, siempre existe una cuota de infortunio: un golpe o un movimiento descoordinado pueden traducirse en alguna lesión. Aquellas que los preparadores físicos tenemos que evitar especialmente son las relacionadas con lo muscular, vinculadas de forma directa con una sobrecarga de esfuerzo, un descanso inadecuado, una alimentación incorrecta y hasta por un problema psicológico también.

# PREVENCIÓN DE LESIONES
## ¿Para qué?

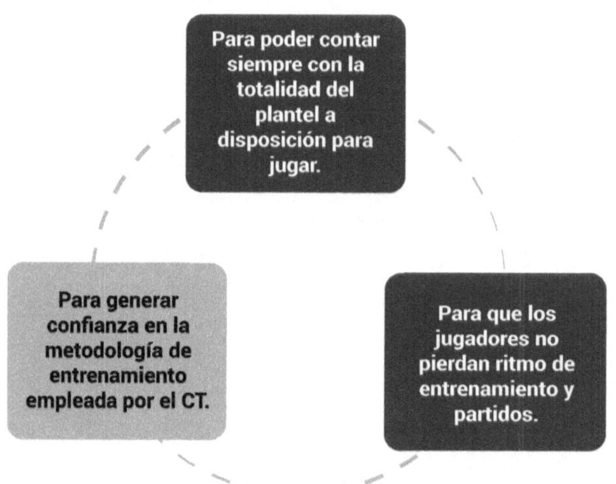


Por esa razón, tenemos que escuchar a nuestros futbolistas, para que nos transmitan cómo reciben nuestra propuesta de entrenamiento y así, de esta forma, podremos dosificar las cargas de una manera casi personalizada, que es hacia dónde apunta el entrenamiento actual. Esa personalización será necesaria, ya que difícilmente puede entrenarse de la misma forma un futbolista de 20 años que uno de 30. El primer paso será diagnosticar el nivel de nuestros jugadores, luego ganarnos su confianza a fin de que el diálogo sea permanente y, a partir de ahí deberá existir una comunicación constante que nos permita encontrar el mejor entrenamiento para cada uno de nuestros futbolistas.

Existen metodologías que favorecen, desde nuestra propuesta como preparadores físicos, la prevención de lesiones. Una gran enseñanza que me ha dado la experiencia es entender que cuando efectuamos cambios de manera muy brusca en la metodología de entrenamiento, estamos multiplicando el riesgo de lesión. Es muy común que ello suceda cuando cambia un cuerpo técnico en el transcurso del campeonato. Aparece un nuevo entrenador, con nuevos ayudantes y preparadores físicos, generalmente con una metodología distinta a la que era corriente. Cuando se producen esas transiciones, se instala un período que dura de una semana a 10 días en el que aumenta considerablemente el riesgo de lesionarse. Para evitarlo, sugiero una progresión gradual a la hora de proponer nuestra metodología, y así darle un tiempo suficiente al jugador para adaptarse a esa nueva manera de entrenar.

También creer que "más es mejor" suele ser un error bastante común entre los entrenadores más jóvenes, confundidos en la convicción de que cuanto más se entrena, más se rinde. En estos casos no se tiene en cuenta los tiempos de adaptación y los descansos adecuados. Es cierto que a veces cambian los cuerpos técnicos porque existen presiones por los resultados adversos, presiones que motivan a poner en marcha exigencias más marcadas que las que proponía el cuerpo técnico anterior con resultados no siempre tan favorables.

# PREVENCIÓN DE LESIONES

**Factores que predisponen a la aparición de lesiones durante la etapa competitiva:**

- Cambios bruscos de metodología en el entrenamiento.
- Búsqueda desmedida de rendimientos físicos.
- Falta de adaptación de las cargas de entrenamiento a las posibles y necesidades individuales de cada jugadores.

Para que el jugador reciba lo mejor de un entrenamiento debemos tener en cuenta en nuestra planificación: su edad y su historial deportivo. No todos van a absorber con la misma capacidad todo lo que propongamos. En función de eso tendremos que adecuarlo a sus posibilidades. Así como algunos entrenadores creen más conveniente entrenar por puesto, yo soy partidario de entrenar por capacidades y por condiciones personales. Conocemos jugadores grandes que saben cuidarse muy bien y se destacan por su buen rendimiento, mientras que chicos mucho más jóvenes a veces no ejercen el mismo profesionalismo y no rinden igual. Tendremos que ser creativos para que las exigencias no sean las mismas en ambos casos y que cada futbolista pueda sacar el mayor rédito de nuestra propuesta.

# ¿Cómo PREVENIR LESIONES?

## TERAPIAS PREVENTIVAS

| COMIENZO Y FINAL | CALENTAMIENTO | MUSCULACIÓN | CORE |
|---|---|---|---|
| » Movilidad articular<br>» Flexibilidad dinámica<br>» Flexibilidad final regenerativa | » En relación directa con la ACTIVIDAD PRINCIPAL a realizar | » Tren superior<br>» Hipertrofia<br>» 3-4 series<br>» 8-12 repeticiones<br>» 2 sesiones semanales | » Abdominales. (160)<br>» Planchas (8"-15")<br>» Espinales (80)<br>» Diariamente |
| **Flexibilidad** | **E/C específica** | **Fuerza** | **Zona media** |

Cuando se trata de utilizar acciones para prevenir lesiones considero que la flexibilidad es una muy importante, sobre todo al inicio y final de los entrenamientos. Las entradas en calor son otra actividad fundamental ya que deberán ser realizadas con acciones similares a las que vayamos a desarrollar en la actividad principal. Es importante que en las mismas incluyamos no solo una adaptación de tipo física, técnica y táctica, sino también mental de cara a lo que el jugador se va a encontrar en el núcleo principal del entrenamiento.

La fuerza es otro elemento determinante, no solo como factor de potenciación, sino también como acción preventiva. La zona media tan importante a la hora de generar movimiento y proteger la columna vertebral.

# ¿Cómo PREVENIR LESIONES?

## TERAPIAS PREVENTIVAS

| EQUILIBRIO PREVENTIVO | INESTABILIDAD | DIAGNÓSTICO | SOBREPESO |
|---|---|---|---|
| » Superficies inestables.<br>» Bipodal.<br>» Unipodal. | » Velocidad.<br>» Técnica.<br>» Juegos.<br>» 1-2 veces x semana, combinado con césped. | » Fundamental a fin de poder programar las cargas de acuerdo a cada posibilidad individual. | » Cineantropometría.<br>» Actividad calórica.<br>» Dieta adecuada. |
| **Propiocepción** | **Arena** | **Evaluaciones** | **Porcentaje graso** |

Los trabajos propioceptivos que apuntan a alcanzar adaptaciones articulares-preventivas, generalmente tienden a reducir los riesgos de lesiones articulares, sobre todo en las rodillas, tan valoradas en un jugador de fútbol. La utilización de la arena como espacio de acción, tiene un resultado clave en la protección de las articulaciones.

Las evaluaciones a los jugadores son claves. Nos marcan un punto de partida, nos permite saber con qué contamos y cuál es la evolución del trabajo realizado, pero también nos posibilita cuantificar la carga que va a recibir cada uno.

Pretender que todos entrenen de la misma manera es muy difícil: siempre habrá jugadores trabajando bien, otros por debajo de su nivel y otros por encima. Al evaluar, podemos armar una posibilidad de trabajo mucho más adecuada a la que cada jugador necesita y con menos margen de error.

Por último, no hay que descuidar el sobrepeso de los jugadores, porque ese peso extra producirá una sobrecarga innecesaria, que

los hará más lentos, que los hará recuperarse en más tiempo, que los hará menos resistentes y, por lo tanto, generaran más riesgos de lesión.

Muchas veces nos enfocamos solo en esas dos horas que normalmente dura el entrenamiento y no tomamos conciencia de que, en las 22 horas restantes del día, el futbolista tiene una vida privada, y si no es lo suficientemente profesional con su "entrenamiento invisible", posiblemente terminará teniendo un efecto muy perjudicial sobre su rendimiento final.

Aplicando el principio de "jugar como se entrena" podemos afirmar que, si el entrenamiento no es al 100%, difícilmente se pueda jugar al 100%. Por lo tanto, resulta imprescindible que el futbolista se exija al máximo para luego poder sacar rédito de ese esfuerzo en el momento de competir.

Muchas veces, para desinhibir ese control, consciente o inconsciente que tienen algunos jugadores de no exigirse al 100% durante el entrenamiento para no cansarse o lesionarse, los preparadores físicos necesitamos recurrir al juego, las competencias o las evaluaciones, a fin de que el futbolista pueda alcanzar ese nivel de autoexigencia y entregar el máximo de sus posibilidades.

Obviamente, siempre habrá jugadores que entrenen en todo momento al 100% y tampoco es casual que sean justamente esos jugadores, los distintos, los que a la hora de jugar también se exijan a tope. En definitiva son los que confirman una vez más la reflexión de "jugar como se entrena...".

En mi carrera como PF, ese tipo de jugadores son los que han dejado los mejores recuerdos en mi memoria afectiva y profesional. Cada vez que nos encontremos ante una racha de lesiones musculares, seguramente habrá algún error en el plan de entrenamiento, el cual deberemos observar y corregir a fin de no repetir la misma equivocación. La confianza del jugador hacia el PF es clave a la hora de poder tener una comunicación clara y sincera que nos permita cuidar al futbolista en algún momento en el que no se encuentre totalmente apto para entrenar. Esta comunicación muchas veces no se da, quizás por temor a una represalia o a que el entrenador se entere y lo saque del equipo, el jugador no se sincera y oculta que acaso no está durmiendo bien o se siente abatido por algún problema que lo aqueja. Resultado: terminamos lastimándolo. Cuando la lesión se da en forma aislada, habrá una gran cantidad de factores que pudieron haberla provocado.

Concluyendo, es importante que los preparadores físicos no alteren bruscamente las metodologías que se vengan aplicando, que las mismas se adapten en forma progresiva, se escuche al futbolista y se respete el principio de la individualidad, en cuyo principio se combinará la genética, la historia deportiva y las lesiones que haya tenido el jugador, para volver de esta manera, más eficaz la prevención.

> *"La idea es cometer nuevos errores, no los mismos".*

# CAPÍTULO 10

## EL JUEGO COMO ENTRENAMIENTO DEL FUTBOLISTA

Definimos al juego como una actividad recreativa y competitiva, física y mental, en la que participan dos o más jugadores sometiéndose a reglas y consignas.

## JUEGO

**"Actividad recreativa – competitiva física y mental en la que participan dos o más jugadores sometiéndose a reglas y consignas".**

Una actividad fundamental en el que además de un sinnúmero de beneficios, también se estimulan dos elementos fundamentales aliados de la creatividad: la espontaneidad y la improvisación.

**Sin duda el juego es y será el mejor entrenamiento.**

# JUEGO

## ¿Para qué?

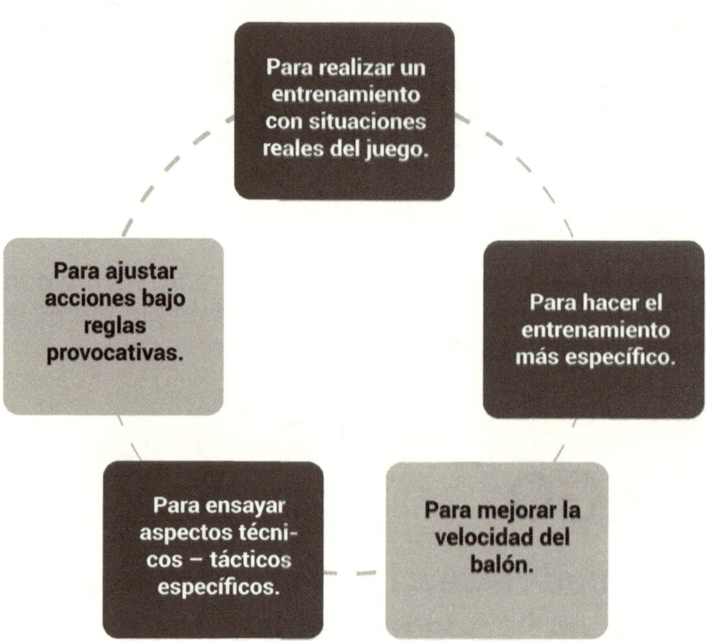


Utiliza para su realización cada uno de los objetivos enunciados en los capítulos anteriores, como: velocidad, recuperación, resistencia específica y además agrega algunos componentes fundamentales como: técnica, táctica y estrategia.

Cada vez que hablamos del juego, indudablemente estará presente el componente psicológico, poniéndose de manifiesto a través del aspecto motivacional, la confianza, la concentración y el manejo de las presiones internas y externas que tan importante son a la hora de tomar decisiones.

Con el juego no solamente entrenamos el aspecto físico, sino también el aspecto mental, lo cual considero de gran importancia.

# JUEGO
## Manifestaciones funcionales:

- **Mejorar la velocidad de observación.**
- **Mejorar la velocidad de anticipación.**
- **Mejorar la velocidad de decisión.**

Una de mis reflexiones de cabecera siempre fue: "Jugador contento es mejor que jugador entrenado; contento y entrenado, es imbatible...". Sin lugar a dudas el juego, además de entrenar, divierte...

Con el juego el objetivo estará centrado en observar, anticipar, decidir, y ejecutar correctamente y de la manera más rápida. Por lo tanto, será fundamental para entrenar la toma de decisiones.

# ¿Cómo entrenar el JUEGO?

## (Velocidad del balón-resistencia especifica)

**FÍSICO - SITUACIONAL**

Técnicos | Tácticos | Recreativos | Físicos
- Carga: baja – media – alta – muy alta.
- Espacio: formal – reducido.
- Dosificación: objetivo – consignas –duración –pausa – repeticiones – volumen – cantidad de jugadores – carga cognitiva.
- Intensidad siempre máxima.

**JUEGOS**

El profesor e investigador brasileño Israel Teoldo, de la Universidad de Minas Gerais, concluyó después de un experimento fascinante y muy riguroso que el jugador toma más de 2500 decisiones durante un partido.

> *"El jugador de futbol toma más de 2500 decisiones durante un partido".*

El grado de eficiencia (la proporción entre decisiones correctas y erróneas) podrá determinarse con el video análisis, el cual después del partido despieza la actividad del equipo durante todo el encuentro. Siempre la cuantificación tecnológica será de gran ayuda a fin de detectar problemas y así poder achicar los márgenes de error.

Otros de los aspectos a definir en relación al juego estará dirigido a tener en cuenta la proporción adecuada de entrenamientos en espacios reducidos y en espacios formales. Sabemos que las dos variables son importantes, cada una ofrece puntos a favor y algunos en contra, y somos conscientes de que lo mejor es encontrar una armonía entre ambos. Existen entrenadores que son más proclives a una u otra variante; por ello creo importante la intervención del preparador físico a la hora de equilibrar la utilización de ambos espacios.

El espacio reducido tendrá las siguientes características: propone constantemente aceleración y freno y genera una toma de decisión mucho más veloz; como punto negativo no contaremos con distancias que nos permitan alcanzar velocidades máximas.

El espacio formal tendrá las siguientes características: cuenta con espacios de juego reales, se podrán alcanzar desplazamientos a alta velocidad dado que tendremos distancias suficientes para hacerlo, y lograremos tener más tiempo y espacio para pensar, para ganar confianza y así poder tomar decisiones sin tanta presión.

Los juegos deben subordinarse a lo que el entrenador considere necesario desde lo táctico, pero a la vez habrá que cuantificarlos y ubicarlos durante la semana de la manera más adecuada.

# Clasificación de juegos

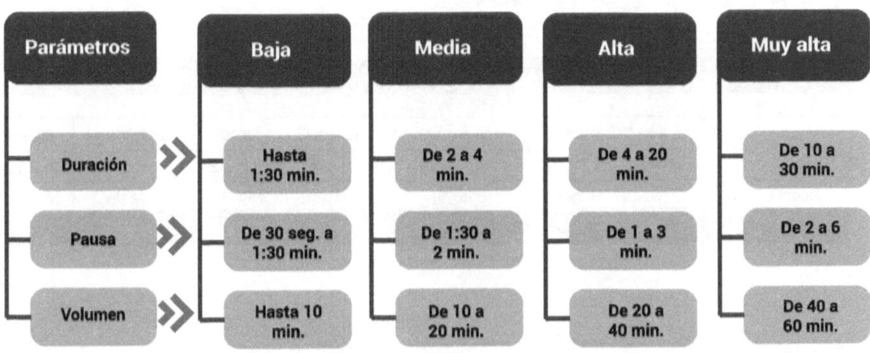



El juego debe tener una duración determinada, una cantidad de repeticiones y pausas también establecidas, y una dificultad de carga cognitiva igualmente cuantificada. ¡Lo que nunca deberemos disminuir en un juego es la intensidad!

La intensidad debe ser siempre la más rápida posible, tanto en los juegos de baja como en los de media o alta exigencia. Lo que el entrenador debe comprender es que no debemos exigir al máximo a nuestros jugadores todo el tiempo. Habrá momentos en la semana más adecuados para utilizar exigencias mayores y otros en los que será necesario reducirlas a niveles más bajos. Esto dependerá de la cantidad de sesiones con las que contemos en la semana y, además, del tiempo que transcurra entre la carga más alta y la competencia. Cuanto más cerca al partido trabajemos, más bajas serán las cargas.

# DOSIFICACIÓN | J

## ¿Cuándo? ¿Cuánto?

| CRONOGRAMA SEMANAL COMPETITIVO | SEMANA "TIPO" -JUEGOS- | | | | | | |
|---|---|---|---|---|---|---|---|
| Partido | Lunes +1 | Martes +2 | Miércoles -4 | Jueves -3 | Viernes -2 | Sábado -1 | Partido |
| Partido | Descanso | Día 1 | Día 2 | Día 3 | Día 4 | Día 5 | Partido |
| Máxima | | Regenera | Alta | Muy alta | Baja | Media | Máxima |
| Juego | | | 20 min. | 50 min. | 10 min. | 10 min. | |

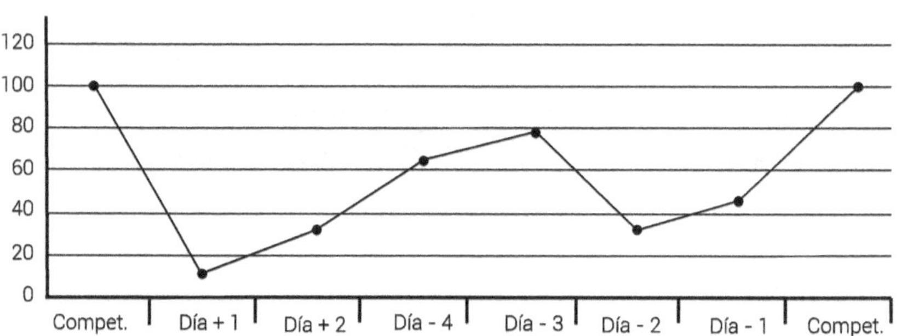


El juego debe ser el entrenamiento principal de la semana. Los preparadores físicos debemos adecuar nuestros trabajos complementarios a fin de que podamos sacar el mayor rédito posible de cada una de las actividades que proponga el entrenador.

Aconsejo siempre a los profes a observar a sus jugadores jugando: la información que nos proporcione esa tarea nos va a permitir conocer y confirmar si lo que entrenamos por afuera del juego alcanza para el efecto buscado. No será lo mismo que el jugador nos cuente cómo entrenó, o nos lo relate el entrenador, que observarlo en persona. Observar el juego, el "ensayo principal" será muy importante.

¿Qué observamos? Si el jugador llega rápido a la pelota, si se cansa, si se recupera rápido, si mantiene la intensidad y fundamentalmente cómo se relaciona con lo técnico y táctico.

Ayer, el preparador físico se abocaba de manera exclusiva a su tarea, la cual pasaba por mejorar el rendimiento físico, mientras que la cuestión futbolística quedaba en manos del entrenador. Hoy, el entrenamiento es integral, no está tan segmentado, y existe una adecuada interrelación entre las propuestas del entrenador y del preparador físico.

Las tareas serán planificadas, buscando que cada actividad logre provocar un impacto adecuado en relación a lo que se hizo y se hará cada día en cada entrenamiento. Este ordenamiento de cargas en cada uno de los entrenamientos deberá responder a un diálogo permanente entre todos los integrantes del cuerpo técnico. El entrenamiento debe ser completamente interdisciplinario.

*"No es lo que decís, es cómo lo decís"*.

# CAPÍTULO 11

## LA PLANIFICACIÓN DEL ENTRENAMIENTO

Planificar significa organizar y prever una secuencia lógica de tareas para lograr los objetivos propuestos.

# PLANIFICACIÓN

**"Significa organizar y prever una secuencia lógica de tareas para lograr los objetivo propuestos".**

Hablar de planificación tiene que ver con organizar, prever lo que se va a realizar, controlar los estímulos que vamos a proponer, a fin de alcanzar los objetivos que nos hemos propuesto. Debemos estar atentos a observar en todo momento lo que estamos haciendo, ver cuáles son los resultados obtenidos y así saber si debemos realizar alguna modificación.

Si no planificamos, nunca sabremos qué estimulo produjo beneficios y cuáles no. En definitiva, debemos poder determinar qué acciones generan efecto positivo y cuáles no. Esa planificación, por lo tanto, supone organizar cada etapa de entrenamiento, a fin de poder prever los resultados a obtener y para que el entrenamiento propuesto sea eficaz y acorde a las posibilidades de cada futbolista.

# PLANIFICACIÓN
## ¿Para qué?

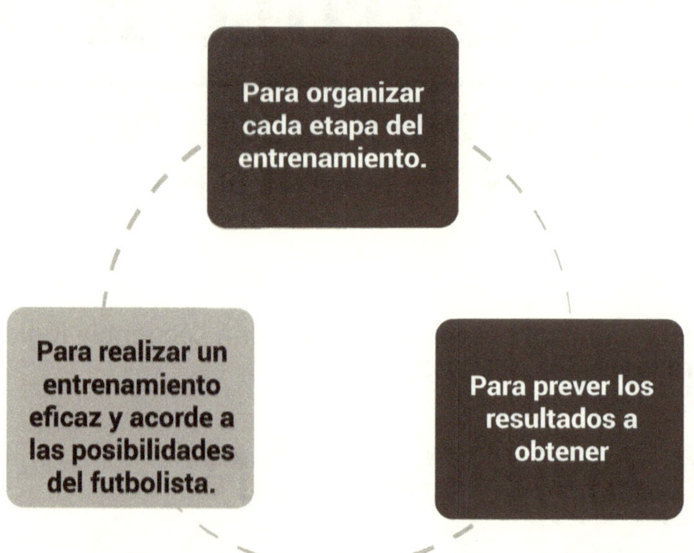


Al planificar, estamos atentos a los diferentes momentos de la preparación. Al principio, el objetivo principal está relacionado con la evaluación, para poder diagnosticar y pronosticar los rendimientos individuales y colectivos del plantel, a partir de ahí, podremos entrenar de acuerdo con las posibilidades de cada uno.

Planificar también nos brinda la tranquilidad y seguridad de saber qué, cómo y dónde se va a trabajar. Sin embargo, siempre será bueno tener una alternativa, un plan B, ya que en el fútbol argentino y sudamericano los imprevistos suelen estar a la orden del día, sobre todo en categorías formativas o en divisiones de ascenso. De manera que el preparador físico se acostumbra a tener siempre una segunda alternativa que lo pueda sacar de un momento inoportuno y revertir el imprevisto que atenta contra su planificación.

Normalmente cuando entrenamos no nos damos cuenta de que lo que proponemos, lo que llamamos carga externa, no siempre va a generar el mismo impacto en cada jugador. Cada uno lo recibe de una manera distinta, por distintos motivos: la edad, la experiencia deportiva, un momento anímico en particular, una acumulación de esfuerzos o un descanso inadecuado, harán que esa carga tenga diferentes efectos.

## Al planificar, se deberá tener en cuenta la carga propuesta por el entrenador y la recibida por el jugador.

- **CARGAS: EXTERNAS E INTERNAS | SUFICIENTES (Desarrolladoras, mantenedoras y recuperadoras), INSUFICIENTES Y EXCESIVAS.**

Siempre deberemos estar atentos a observar qué reciben nuestros jugadores en base a lo que nosotros proponemos. En ocasiones prejuzgamos que un jugador de más edad va a recibir una carga demasiado excesiva y nos equivocamos. A veces es al revés: creemos que un jugador joven puede entrenar de una manera desmedida y también erramos. Por eso es recomendable mantenerse atento en todo momento al principio fundamental de la individualidad, un principio que, como venimos sosteniendo en capítulos anteriores, es preciso respetar de la mejor manera posible.

Existe un gran número de estrategias que podemos utilizar para cuantificar la carga que proponemos y el impacto que esa carga generó. Desde ya que los GPS son herramientas muy importantes a la hora de cuantificar, pero también es muy importante lo que el jugador nos devuelve en relación a su sensación de esfuerzo, su descanso, y otras situaciones que conllevan a su entrenamiento invisible. Las distintas aplicaciones que podemos diseñar y aplicar de tipo *wellness*, serán de suma utilidad a nivel individual y grupal, en relación a conocer los efectos generados por el entrenamiento, los grados de fatiga provocados y la cantidad de recuperación obtenida. Esa batería de preguntas en un cuestionario nos irá dando datos de la magnitud de carga que soportó el grupo en el entrenamiento a nivel colectivo, y cómo repercutieron en su fatiga y en su recuperación a nivel individual. En base a esa información será posible continuar planificando las sesiones siguientes con mayor precisión.

Ayer, el actor principal era la planificación y los jugadores debían adaptarse a esa planificación. Hoy, la temática se modificó, el protagonista es el jugador: En función a sus posibilidades, se planificará.

# ¿CÓMO SE PLANIFICA?

Tenemos tres grandes momentos en la planificación:

## ETAPA | PERIODO

| PERIODO DE PRE-TEMPORADA | PERIODO DE COMPETENCIA | PERIODO DE DESCANSO |
|---|---|---|
| » Momento de evaluación y desarrollo.<br>» Etapa general.<br>» Etapa especial.<br>» Etapa de descarga.<br>» Etapa precompetitiva. | » Momento de mantenimiento futbolístico. | » Vacaciones<br>» Descanso / Activo. |
| **PREPARACIÓN** | **COMPETICIÓN** | **TRANSICIÓN** |

La etapa previa al campeonato, que normalmente se dnomina pretemporada, no debería durar menos de seis semanas.

La etapa de competencia, con distintas duraciones de acuerdo con el tipo de torneo que se esté disputando. Varían las categorías, los países, la cantidad de equipos que lo animan o la incidencia de competencias internacionales, como el caso de los Mundiales, cada cuatro años. Esos cronogramas determinan la duración de la etapa, a partir de un sinnúmero de situaciones que siempre obligan a adecuarse, semana a semana.

La etapa de descanso o de transición, que es el nexo entre la competencia y la futura preparación. Se trata de que haya al menos 21 días en esta etapa: por lo menos una semana de descanso total y las dos restantes, de mantenimiento. Están orientadas hacia la capacidad aeróbica y el mantenimiento de la fuerza, aunque también puede contener algún trabajo de tipo neuromuscular, para que cuando el jugador llegue a la pretemporada se encuentre en una forma más apta y adecuada para poder afrontarla de mejor manera.

En alguna circunstancia podría haber un cuarto momento, que suele llamarse etapa de mantenimiento. Ella transcurre cuando se termina el campeonato, pero todavía resta un tiempo prolongado hasta que los jugadores partan de vacaciones. Suele utilizarse para reevaluaciones, para que los jugadores mantengan su estado y el descanso no sea tan extenso.

La pretemporada es un momento que contempla varios factores. En algún punto, desde lo físico, apunta a acumular cargas de trabajo, para que el jugador pueda sumar una cantidad adecuada de estímulos que, más adelante, le permita afrontar el desarrollo del campeonato de una manera ideal.

En esa etapa se van trabajando distintos objetivos, pero también en la pretemporada se aspira al armado del grupo, la integración de los nuevos jugadores al plantel, el conocimiento mutuo del cuerpo técnico y los futbolistas si es la primera pretemporada que atraviesan juntos, y a que el plantel conozca las distintas metodologías que el CT propone.

Normalmente soy partidario de dividir la pretemporada en cinco grandes momentos:

1. Una etapa general, de adaptación, nivelación y evaluación. Suele ser la primera semana, cuando el jugador vuelve del descanso. Es una etapa en la que aparecen jugadores que ya tuvimos y otros jugadores nuevos. Es un momento adecuado para mejorar el aspecto aeróbico y la adaptación a la fuerza. Además, supone evaluaciones para diagnosticar en qué situaciones arribaron. Suelo evaluar la potencia aeróbica, la fuerza del tren inferior, el peso corporal y los tejidos grasos. No soy partidario de las evaluaciones de velocidad, porque suponen demasiada exigencia y generan riesgo de lesión.

2. Una etapa especial, en la que busco que el equipo se vea en una situación favorecida en cuanto al descanso y a una alimentación adecuada. Es una etapa generalmente más dura ya que apunta a la intensidad y a la cantidad. Generalmente entreno en dos turnos, uno por la mañana y otro por la tarde, en los que se van coordinando distintos aspectos, algunos predominantemente físicos como en la etapa anterior, y otros predominantemente técnicos y tácticos.

En esta etapa, aplico una metodología que comencé a realizar en el año 2001, la cual consiste en entrenar cuatro días consecutivos por uno de descanso y recuperación. Suelo distribuir los objetivos a entrenar (velocidad, recuperación, resistencia especifica y juego formal) en esos cuatro días, dejando el quinto día para el descanso absoluto y la recuperación. Esta metodología tiene como objetivo, lograr no sobrecargar al futbolista y proponer descansos necesarios en los momentos en donde la fatiga puede provocar algún riesgo elevado de lesión. Mi propuesta es trabajar esta etapa especial durante dos semanas, aquí comienzan los partidos amistosos.

3. La etapa de descarga es una etapa de recuperación activa, de súper compensación, en la que se puede volver a evaluar. Se trata de bajar la cantidad de entrenamientos semanales a un solo turno diario, empieza a haber una gran participación del componente técnico-táctico, y lo físico se sostiene simplemente para activar al jugador en las entradas en calor o para regenerarlos posterior para cada entrenamiento.

4. En la etapa de precompetencia, el adiestramiento técnico-táctico prevalece sobre lo físico en un porcentaje muy alto: hablamos de un 70% y un 30%, respectivamente. Se continúan realizando partidos amistosos.

5. La semana de competencia, cuando ya queda una sola para el inicio del torneo, es una semana clásica en la que normalmente se entrena durante cinco días. En ella las cargas se van ubicando de manera que podamos llegar al primer compromiso en la mejor forma posible, con una buena recuperación, una máxima confianza respecto a lo trabajado en la pretemporada y en relación con la cantidad de amistosos que se hayan disputado.

# DOSIFICACIÓN | P

## ¿Cuándo? ¿Cuánto?

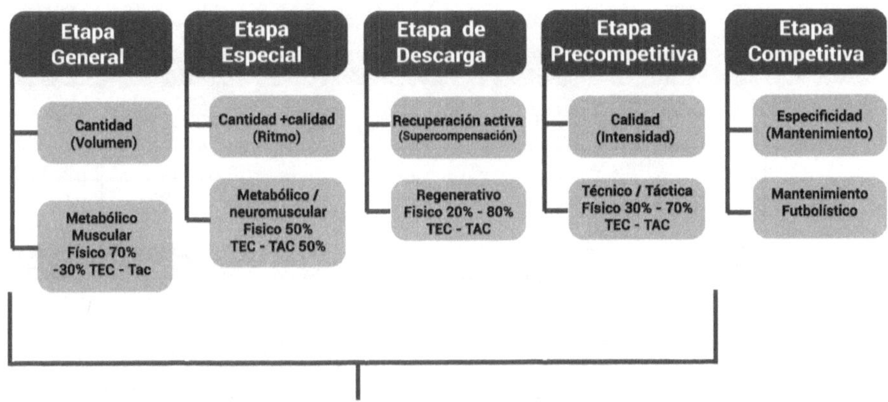


¿Cómo combinamos y ubicamos, a lo largo de una semana tipo de competencia, los entrenamientos de velocidad (CN), recuperación (IR), resistencia especifica (RE), prevención de lesiones (PL) y el juego?

# Organización de las cargas

| CRONOGRAMA SEMANAL COMPETITIVO | SEMANA "TIPO" | | | | | | |
|---|---|---|---|---|---|---|---|
| Contenido | Lunes +1 | Martes +2 | Miércoles -4 | Jueves -3 | Viernes -2 | Sábado -1 | Comp. |
| Partido | Descanso | Día 1 | Día 2 | Día 3 | Día 4 | Día 5 | Partido |
| Carga | | Regenera | Alta | Muy alta | Baja | Media | Máxima |
| CN | - | - | xxx | xx | | x | x |
| IR | - | xx | x | - | - | - | - |
| RE | - | (x) | - | xx | - | (xx) | (xx) |
| PL | - | x | - | - | x | - | (x) |
| Juego | - | - | 20 min. | 50 min. | 10 min. | 10 min. | |

(x): Jugadores suplentes o que no compiten

En el cuadro vemos que el primer día postpartido es netamente de descanso. El segundo día es de recuperación, el tercero ya es de carga alta y el cuarto de carga muy alta, el quinto comprende la recuperación activa, y estando a 48 horas de la siguiente competencia y el día anterior al partido propone una activación con táctica-carga media, para llegar al día del partido, en el que la exigencia será obviamente la máxima. Estas cargas aplicadas, se refieren a los jugadores titulares.

Los jugadores no titulares recibirán cargas de entrenamiento compensatorio, debido a que no jugaron, o jugaron menos, y de esa forma intentaremos tener a la totalidad del plantel, nivelado en relación al componente físico, ya que, en relación al componente futbolístico, no hay ni habrá ningún entrenamiento que reemplace al partido oficial.

Deberemos tener en cuenta el lugar en el que se va a realizar la pretemporada (la playa, la montaña, o la ciudad), siempre tendremos que contar con espacios adecuados para trabajar la parte física (espacio verde, gimnasio, sala de crioterapia, entre otros) y futbolística (campos de juego adecuados).

También será muy importante tener la cantidad de materiales necesarios para llevar a cabo cada uno de nuestros entrenamientos. No todos los integrantes del plantel van a poder trabajar de la misma manera y tampoco todos comienzan la pretemporada en el mismo momento. Los jugadores que se contratan en el transcurso de la pretemporada van sumándose al plantel con el trabajo ya iniciado, por lo tanto, debemos contar con estrategias adecuadas que compensen el trabajo no realizado para cada caso en particular.

En la artesanía del entrenamiento deberemos determinar cómo nos llega ese futbolista a la pretemporada, cuánto tiempo perdió de trabajo, cómo se adapta a nuestra propuesta de entrenamiento, y cómo va respondiendo. Planificar la pretemporada siempre será una tarea interdisciplinaria. Al comienzo prevalece una propuesta en base al trabajo físico, fundamentalmente, pero a medida que transcurre, suponen un aumento importante de los componentes técnico-tácticos.

¡Caducó aquella idea de entrenar lo físico sin tocar la pelota, hoy la pelota se utiliza desde el primer día!

Las pretemporadas deben tener un componente futbolístico casi inmediato, desde el primer día. Los entrenamientos deben ser integrados con trabajos físicos orientados a lo técnico y con aplicación a lo táctico.

Durante la pretemporada, la idea es que la pelota esté presente en casi todas las sesiones, y que el entrenamiento físico vaya progresando desde un volumen alto y una intensidad media, hasta un volumen más bajo y una intensidad cada vez más importante, con el fin de encontrar lo que generalmente buscamos: un equipo intenso, rápido, preciso, coordinado y futbolísticamente suelto y afianzado.

En el fútbol actual la paciencia es un bien escaso o, directamente, agotado. A cualquier equipo se le demanda ganar desde la primera fecha: no existe más ese tiempo prudencial del que podía disponerse antes para soltar el equipo, afianzarlo y para que la eficacia futbolística fuera expresándose. La idea suele ser casi siempre disponer de un equipo rápido, que se mueva bien, y que pueda ser intenso a lo largo de todo el campeonato. De nada sirve preparar un equipo para cuatro fechas y que luego empiece a decaer con el correr de las fechas.

El plantel debe conocer cómo van a ser los entrenamientos durante la pretemporada, hacia qué apuntamos y hacia dónde queremos llegar. Deben poder entender para qué vamos a hacer cada sesión. Es frecuente que los entrenadores traigan el concepto de que las pretemporadas son exclusivamente físicas, en las que el protagonismo recae sobre los preparadores físicos.

Desde hace unos cuantos años tratamos de hacerles entender que lo ideal es que ellos tengan una participación casi inmediata. No nos sirve de nada futbolistas que corran mucho, pero que no sepan pasar bien la pelota. Por eso tratamos de cambiar el paradigma de que las pretemporadas deben ser puramente físicas. Es

un concepto equivocado. Tampoco es bueno que el jugador llegue a la pretemporada sin haberse mantenido durante su periodo de descanso. Por fortuna, el futbolista de hoy sabe que si no entrena en las vacaciones muy difícilmente va a poder atravesar una pretemporada en condiciones aceptables. Desde ya el descanso es fundamental: trato de que los jugadores tengan no menos de cinco a siete días de descanso absoluto, un periodo para conectarse con una realidad distinta a que la vive normalmente durante el año y lograr así eliminar el stress, limpiar la cabeza. Lo ideal es que durante las vacaciones se apliquen a un entrenamiento fácil y entendible; con un componente aeróbico y muscular, que le permita afrontar la pretemporada en un estado de forma aceptable.

La idea será arribar a la pretemporada en un peso cercano al ideal, y con una capacidad aeróbica y una condición muscular adecuada. Por ello los preparadores físicos armamos un plan de actividades para que el jugador entrene durante sus vacaciones donde detallaremos qué ejercicios hacer, durante cuánto tiempo y con qué pausas e intensidad realizarlos. Trataremos de que sean trabajos que no demanden demasiada infraestructura o materiales, que puedan hacerlos en una plaza, un parque, una playa o en el jardín de su casa y con cosas simples. De esa manera, el futbolista no se tienta a eludir el trabajo, sino que lo realiza de forma sencilla y siendo consciente del propósito.

Antes podía ocurrir que en algún momento un jugador regresara de las vacaciones con un sobrepeso de hasta cinco o seis kilos, eso hoy ya no ocurre. Es poco habitual encontrar un futbolista que llegue con más de dos kilos por encima de su peso normal. En esos casos, se precisa la rápida intervención del nutricionista y del médico. Debe comenzar una dieta personalizada y adecuada. Además, en la puesta a punto físico, habrá que conducirlo de manera progresiva, para que la exigencia no resulte desmedida y termine desencadenando alguna lesión.

Los jugadores de hoy han entendido que el cuerpo es su herramienta de trabajo y que por más que las vacaciones sean para el placer, para relajarse, para salir de la rutina, saben también que, al menos entregándole una hora de trabajo por día, en determinados días de la semana, encontrarán allí una manera de mantenerse dentro de los parámetros adecuados y normales para un jugador profesional que va a enfrentar una etapa de pretemporada, bajo condiciones exigentes.

Si pudiéramos hacer una correcta evaluación de peso corporal y porcentaje graso al final del campeonato, antes de que partieran de vacaciones, entonces a su regreso podríamos determinar si mantuvieron la masa muscular y qué ocurrió con su tejido adiposo. También suele haber jugadores que retornan de las vacaciones en mejor estado que cuando acabó el campeonato. Generalmente sucede en futbolistas que estaban lesionados.

El fútbol no es solo correr o pasar bien la pelota. También supone compañerismo, liderazgo, trabajo en equipo, comunicación, compromiso, confianza y motivación. Son una serie de valores cuya práctica es muy importante realizar, principalmente durante la pretemporada, cuando el cuerpo técnico y los futbolistas conviven las 24 horas. Hay muchos momentos durante el día para hacerlo: durante las comidas (desayuno, almuerzo, merienda, cena), terminado un entrenamiento, en lapsos de relax. Son todas oportunidades para conocernos, para armar el grupo. Durante la pretemporada, en definitiva, hay una gran posibilidad de observar al plantel en estado puro, y de captar allí buena información.

¿Qué tan recomendables son los partidos amistosos durante la pretemporada?

A medida que va transcurriendo la pretemporada, son fundamentales. Es muy importante arrancar con equipos de menos categoría, hasta llegar a niveles similares o incluso superiores a los de la propia categoría. Esos amistosos podrán comenzar a jugarse desde el final de la segunda semana, hasta una semana antes de comenzar a competir.

Hay que tener muy en cuenta que muchas veces el resultado, que podría parecer secundario, pasa a tener un protagonismo muy importante. Un triunfo siempre ayuda a creer en lo que se trabaja, siempre el éxito deportivo provoca que el jugador se sienta mejor con lo que hace, y eso es en gran parte el gran secreto del éxito: poder convencer al jugador de lo que está haciendo...

De todos modos, esta planificación con relación a los amistosos tendrá mucho que ver con el estilo del entrenador. A algunos les gusta jugar todos los días, o día por medio; otros se conforman con competir una o dos veces por semana. También es importante observar que no es lo mismo trabajar con un equipo nuevo que hacerlo que uno con el que ya se viene en rodaje, en el cual ya se sabe con lo que se cuenta, de manera que el entrenador acaso no necesite muchos amistosos para ponerlo a punto. Pero puede ocurrir que a veces el equipo no aparezca y entonces se necesiten más prácticas, minutos, cantidad de partidos, para que ello ocurra.

No soy partidario de suspender los entrenamientos por condiciones climáticas rigurosas (lluvia, calor o frío), por una sencilla razón: son las condiciones que podrían tocarnos para disputar un partido oficial. No es raro que un partido se dispute a las 17 horas cuando se registran más de 35°C, o mientras llueve torrencialmente.

# EN RESUMEN:

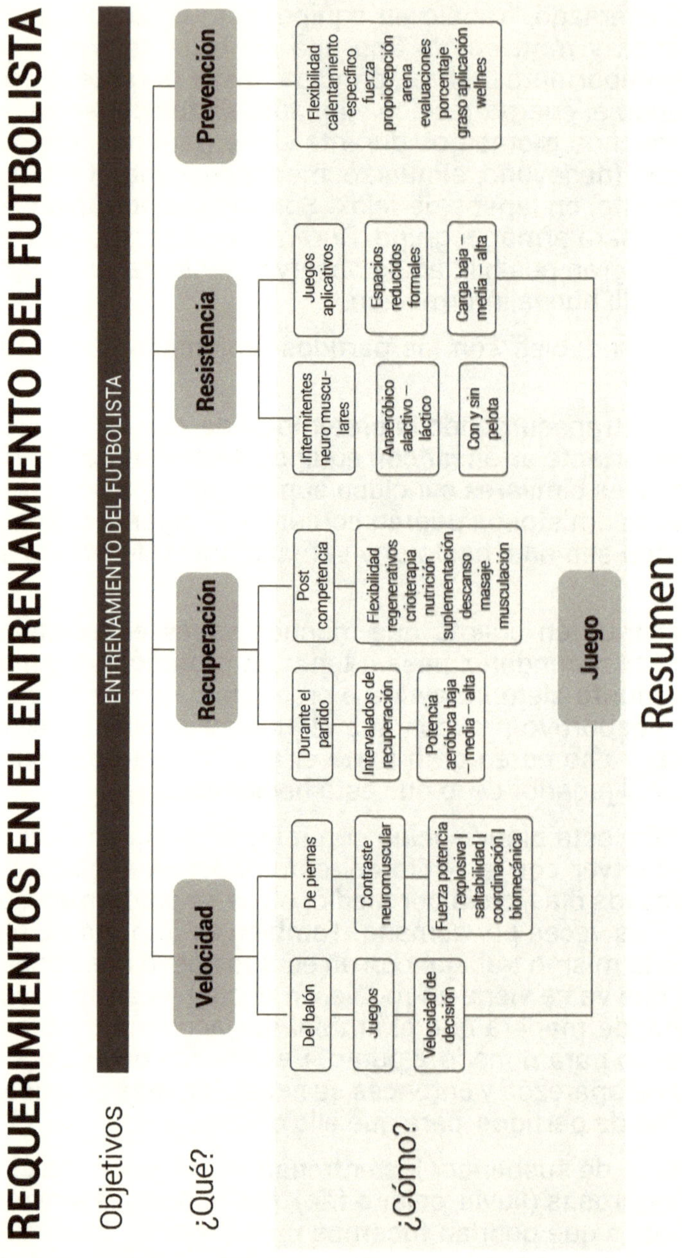

# REQUERIMIENTOS EN EL ENTRENAMIENTO DEL FUTBOLISTA

Objetivos — ENTRENAMIENTO DEL FUTBOLISTA

¿Qué?

- **Velocidad**
- **Recuperación**
- **Resistencia**
- **Prevención**

¿Cómo?

**Velocidad**
- Del balón
- Juegos
- Velocidad de decisión
- De piernas
- Contraste neuromuscular
- Fuerza potencia – explosiva | saltabilidad | coordinación | biomecánica

**Recuperación**
- Durante el partido
- Intervalados de recuperación
- Potencia aeróbica baja – media – alta
- Post competencia
- Flexibilidad regenerativos crioterapia nutrición suplementación descanso masaje musculación

**Resistencia**
- Intermitentes neuro musculares
- Anaeróbico alactivo – láctico
- Con y sin pelota
- Juegos aplicativos
- Espacios reducidos formales
- Carga baja – media – alta

**Prevención**
- Flexibilidad calentamiento específico fuerza propiocepción arena evaluaciones porcentaje graso aplicación wellnes

**Juego**

Resumen

"*El cerebro humano aprende cuando algo lo motiva, inspira y es ejemplo. Entrenemos motivando, inspirando y siendo el ejemplo*".

# ¿QUÉ ES EL FÚTBOL PARA MÍ?

Es cierto que el fútbol es formar jugadores rápidos, fuertes, resistentes, técnicamente muy bien dotados, jugadores que entiendan el juego, capaces de tomar las mejores decisiones en el menor tiempo, pero no es mi único objetivo a través del fútbol.

Nuestro trabajo no solamente se ocupa de mejorar el rendimiento físico, técnico y táctico de los futbolistas, sino también de preocuparnos por aquello que les ocurre cotidianamente, e intentar ayudarlos a que sean, además de buenos jugadores, mejores personas. He tenido grandes planteles, que desde lo físico estaban impecablemente entrenados y, sin embargo, no ganaban un solo partido. Por el contrario, he tenido otros grupos que no rendían tanto físicamente, pero eran ganadores... Las veces que me tocó participar de un éxito deportivo, generalmente fue a partir de jugadores muy bien entrenados que, a la vez, tenían ese fuego sagrado... Son ese tipo de futbolistas los que sintetizan aptitudes y actitudes.

Equipos difíciles de enfrentar, esos que nunca se dan por vencidos. Entrenar este tipo de equipos siempre es un auténtico placer, porque generan una conciencia colectiva que aumenta en enorme proporción las chances del éxito. El fútbol me moviliza de manera permanente. En los momentos de cansancio extremo o de insoportable stress, siempre me permitió sacar de mí algo más para afrontar la situación. El fútbol siempre te arranca una última cuota de ganas, de alegría, de motivación, de pasión...

La experiencia se gana con trabajo y con errores, equivocándose. No me arrepiento de ninguno de los que cometí, porque de todos ellos aprendí. Inclusive más que de los triunfos. A los preparadores físicos que arrancan les sugiero que no tengan temor a equivocarse y que aprendan de esos errores.

*"El que no hace nada, nunca se equivoca...".*

El fútbol siempre enseña algo nuevo. Nunca deja de sorprenderme.

De cada futbolista siempre extraigo una enseñanza distinta, tal vez, por esa razón, me siento siempre en el compromiso de dejarles algo de mi parte. Esta pasión es la que nos mueve para tratar de encontrar infatigablemente algo novedoso para aplicar en los entrenamientos, algo que les brinde a los jugadores herramientas para jugar mejor y aumentar sus capacidades.

En esa búsqueda permanente estamos todo el tiempo. Ojalá que este texto sirva para que quienes compartan esta misma pasión puedan sacarle provecho, exprimirlo y aplicarlo. Esa fue mi idea al escribir este libro: un texto sencillo, simple, entendible, aplicable, practicable y, obviamente, mejorable...

**Ojalá que este libro sea un disparador, un punto de partida para muchos preparadores físicos, grandes o jóvenes, que puedan enriquecer su vocación, su profesión, su pasión.**

Lo deseo de todo corazón.

# ¿Qué es el futbol para mí?

## "Es formar jugadores rápidos, fuertes, resistentes, técnicamente muy bien dotados. Jugadores que entiendan el juego, capaces de tomar las mejores decisiones en el mejor tiempo".

# SOBRE EL AUTOR

Carlos Eduardo Juárez

www.charlijuarezentrenamiento.com

## TÍTULOS OBTENIDOS:

**PROFESOR NACIONAL DE EDUCACIÓN FÍSICA** (I. E. F. Dickens) 1992.

**PREPARADOR FISICO DE FÚTBOL** (Instituto Dr. D. Vélez Sarfield) 1988.

**ENTRENADOR NACIONAL DE FÚTBOL** (Inst. Nac. Del Deporte) 1996.

**ENTRENADOR NACIONAL DE ATLETISMO** (Inst. Nac. Del Deporte) 1987.

**TÉCNICO EN MUSCULACIÓN DEPORTIVA** (Top Training) 1989.

**ENTRENAMIENTO DEPORTIVO** (Universidad de Buenos Aires) 1993/1999.

## ACTIVIDADES MÁS RELEVANTES:

**Docente en las cátedras de Técnica y Entrenamiento** (Curso de Entrenadores de Atletismo – Instituto Nacional del Deporte) 1990/94.

**Docente en la cátedra Musculación Deportiva** (Inst. de Educación Física Dickens) 1994/2004.

**Docente en las cátedras de Técnica y Entrenamiento / Preparación Física de 2do año**

(Escuela Central de Técnicos de Fútbol – A.T.F.A) 1997/2000.

**Docente en las cátedras de Técnica y Entrenamiento** (Curso de Entrenadores de Fútbol – Instituto Nacional del Deporte) 2005.

**Docente en las cátedras de Organización y Entrenamiento – Curso de actualización y perfeccionamiento docente en preparación física del futbolista (APEFFA)** Desde 2007.

**Docente en la cátedra de Entrenamiento 1** (Curso de Entrenadores de Fútbol /IPEC - Vélez Sarsfield) 2014/2018.

**Docente-Expositor en varios Seminarios, Congresos y Charlas orientadas al entrenamiento deportivo con relación al futbol infantil, juvenil y de alto rendimiento.** (Dictados en el interior y exterior de Argentina).

**Autor de videos y apuntes sobre entrenamiento del fútbol** (# 1 Entrenamiento Físico - # 2 Entrenamiento con pelota - # 3 Juegos - # 4 Musculación - # 5 Fútbol Mix Training - # 6 Ejercicios de Definición). 2013.

**Docente en la cátedra Fútbol** (IEF Vélez Sarsfield) Desde el año 2015.

**Docente en la cátedra "Entrenamiento del Futbolista" - Optativa de 4to año** (IEF Vélez Sarsfield) Desde el año 2017 al 2018.

**Instructor CONMEBOL.** Desde 2017.

**Docente en la cátedra Fútbol Playa - Fútbol en el ascenso.** (ENA) Desde el año 2019 al 2021.

**Coautor del manual de Fútbol Playa - Conmebol** (Conmebol) 2020

## ENTRENAMIENTO DE FÚTBOL:

Preparador Físico Alterno del Prof. A. Weber (**Plantel profesional del C. A. Huracán**) 1992/93.

Preparador Físico de Fútbol (**Liga Amateur de Fútbol de Bajo Flores**) 1993/2003.

Preparador Físico de Fútbol (**Fútbol Juvenil - C. A. Platense**) 1995.

Preparador Físico Alterno del Prof. A. Weber (**Plantel profesional del C. A. San Lorenzo de Almagro**) 1996.

Preparador Físico de Fútbol (**Plantel profesional de la A. D. Berazategui - 1era B**) 1997.

Preparador Físico de Fútbol Playa (**Selección Argentina de Fútbol Playa**) **3er posición - Mundial 2001** - Costa do Sauipe / Brasil - **Campeón Sudamericano** Merlo San Luis 2013 - **Medalla de Bronce** Venezuela - Vargas 2014 - **Sub Campeón** Sub-20 Montevideo Uruguay 2017 / Participación en 10 mundiales. / desde 2000 al 2017.

Preparador Físico de Fútbol (**Plantel profesional de C. A. All Boys - Nacional B**) 2000.

Preparador Físico de Fútbol / Coordinador del Área Física (**Fútbol Juvenil - C. A. Tigre**) 2001.

Entrenador de Fútbol / Preparador Físico (**Selección del Fútbol Interno / C.A. River Plate**) - **Sub Campeón AIFA / 99 — Campeón AIFA / 2001** / 1997/98/99/2001.

Preparador físico de Fútbol (**Plantel Profesional del Centro Juventud Antoniana de Salta — Nacional B**) 2002 /2003.

Preparador Físico de Fútbol (**Plantel Profesional del Club Sport Emelec de Ecuador**)- **Campeón 2002** - 2002/ 2003.

Preparador Físico de Fútbol (**Plantel Profesional del Club Atlético Vélez Sarsfield**) - **Sub-Campeón / Torneo AFA 1era A - Apertura 2004** / 2004.

Preparador Físico de Fútbol (**Plantel Profesional del Club Atlético Nueva Chicago**) — **Campeón y ascenso /Torneo AFA 1era B Nacional - Clausura 2006** / 2006-2007.

Preparador Físico de Fútbol — (**Plantel Profesional del Club Atlético Platense**) - **Finalista torneo reducido /Torneo AFA 1era B Nacional - Clausura 2007 y Apertura 2007** / 2007.

Preparador Físico de Fútbol — /Torneo AFA 1era B Nacional - Clausura 2009 (**Plantel Profesional del Club Almagro**) 2009.

Preparador Físico de Fútbol — /Torneo AFA 1era D — (**Plantel Profesional del Club Atlético Ituzaingo**) 2009/10.

Preparador Físico de Fútbol — /Torneo AFA 1era C — (**Plantel Profesional del Cañuelas Fútbol Club**) 2016.

Preparador Físico de Fútbol — /Torneo AFA 1era C — (**Plantel Profesional del Sportivo Italiano**) 2017.

Preparador Físico de Fútbol —/ Torneo AFA 1era B — (**Plantel Profesional del Sacachispas Fútbol Club**) 2019.

Preparador Físico de Fútbol - / Torneo AFA 1era Nacional — (**Plantel Profesional del C. A. Chacarita Jrs.**) Desde 2021.

## GESTIÓN DEPORTIVA:

Gerente de Deportes (**C. A. San Lorenzo de Almagro**) 1996.

Gerente de deportes (**Complejo Punta Carrasco**) 1997/2000 – 2003/2008.

Director de Deportes (**Club Atlético San Lorenzo de Almagro**) 2011.

## ESCUELA DE FÚTBOL:

Director de la Escuela de Fútbol (**Village Club**) 1991/97.

Coordinador de la Escuela de Fútbol (**Colegio Ward - Buenos Aires**) 2001.

www.ingramcontent.com/pod-product-compliance
Lightning Source LLC
Chambersburg PA
CBHW031338160726
47993CB00002B/732